# インサイドセールス

訪問に頼らず、
売上を伸ばす
営業組織の
強化ガイド

茂野明彦
株式会社ビズリーチ
HRMOS事業部 インサイドセールス部 部長 兼
BizReach 創業者ファンド パートナー

INSIDE
SALES

SE
SHOEISHA

# 出版に寄せて

HubSpot　CEO兼共同創業者　ブライアン・ハリガン

2006年に私が共同創業者のダーメッシュ・シャアとともにHubSpot社を創業したきっかけは、「人々の購買行動が変化している」と気付いたことだった。当時すでに人々は営業担当者やマーケティング担当者による強引なコミュニケーションに辟易し、反応しなくなり、ついにはそれらをブロックするようになっていた。それにもかかわらず、企業側は相変わらず一方的なやり方で顧客を振り向かせようとしていたのだ。

ダーメッシュと私は、それとは逆に有益なコンテンツを生み出して人々と情報を共有し、助けになることで相手を引き寄せる手法を「インバウンドマーケティング」と名付け、その実践用ソフトウェアの開発と提供を始めた。現在CRMプラットフォームとして成長したHubSpotの誕生である。

その後の14年間で世界には様々な変化が起こった。先に述べた購買行動の変化には拍車がかかり、購買プロセスの主導権は売り手から買い手へと移った。加えて顕著だったのは「社会における信頼の喪失」ではないだろうか？　人々は「信じられる情報」を求めて声を上げ、企業のプロモーション活動に絡む倫理感が世界中で強く問われるようになった。

そのような社会の流れの中で、インバウンドの思想の根幹にある「相手から価値を受け取る前にこちらから価値を提供する」という考え方の重要性も一層増した。さらに私たちは、この思想は企業のマーケティング部門のみではなく、営業部門やカスタマーサービス部門にも必要であることを積極的に発信するようになった。顧客とのすべての接点において、こちらから先に価値を提供するべきなのだと。人は誰でも、いきなりなにかを奪いにくる人や会社は信頼できないものだ。

そのような中で起こったのが、新型コロナウイルスの感染拡大だ。売り手も買い手も、誰もが「新たな日常」と呼ばれる大きな環境の変化に適応せざるを得ない状況におかれた。とくに見込み客や顧客と直接やりとりをする営業組織は、「対面で商談できない」「客先に連絡しても相手がテレワーク中でつながらない」「客先の業績見通しが立たなくなり、予算が削られて失注」など、この原稿を書いている2020年10月の段階でも多くの困難に直面しているだろう。

ただ、このような時だからこそ買い手からの信頼を一層高めることが重要なのも事実だ。信頼を獲得するために、営業組織は何をするべきなのか？　どのように、相手から価値を受け取る前にこちらから価値を提供すれば良いのだろうか？

私は、インサイドセールスがこの問いに対する答えの鍵を握ると考えている。

私とダーメッシュはHubSpot創業の初期段階からインサイドセールスの可能性を信じており、HubSpotの営業組織も基本的に訪問をせずに見込み客との取引を進めていくスタイルを取ってきた。一方で私は1990年代の日本で、いわゆる旧来型の営業組織の責任者を務めていたこともある。

これらの経験から私が痛感しているのは、インサイドセールスは「内勤か、外勤か」という勤務場所の文脈のみで語られるべきではないということだ。

着目すべきはインサイドセールスが果たす「役割」である。営業組織は、顧客の新たな日常に合わせて優れた購買体験を提供していかなければならない。「新たな日常」とは、オフィスへ出社せずに働く日常であり、これまで以上にオンラインでものを調べる日常である。

先行きが不透明な環境にいる顧客に対して、いかに購買活動の早い段階から有益な情報を適切なタイミングで提供していけるか。いかにその内容をパーソナライズし、相手の課題解決プロセスに貢献できるか。

オンライン営業が選択肢の1つではなく必須とも言えるようになった今、営業組織がインサイドセールスという組織体制を活用して顧客本位の営業活動を追求していくことには大きな意味がある。

HubSpot Japanが2019年末に発表した調査では、日本企業のインサイドセールス導入率は11・6%にとどまっていることがわかった（*）。米国の47・2%、欧州の37・1%という数字と比べると、日本においてはまだ成長の余地があるように思える。

言うまでもなく、長期的に成長していくのは大きな環境の変化に適応できる企業だ。私の大好きな日本が、茂野さんの提唱するインサイドセールスのアプローチを通じて「売り手中心」から「買い手中心」の思想に転換していくのを楽しみにしている。

*インサイドセールス導入率の出所：HubSpot「法人営業とインサイドセールスに関するデータ集」
https://www.hubspot.jp/inside-sales

# はじめに

インサイドセールスに出会ったのは2012年にセールスフォース・ドットコムに入社したときのことでした。当時はインサイドセールスという言葉すら聞いたこともなく、調べようにも情報はほとんどありませんでした。事実、友人から「転職したんだよね？　なにしてるの？」と聞かれても「説明してもわからないよ。でも簡単に言うとマーケティングかな？」と説明していました。これが私とインサイドセールスの出会いでした。

私が、なぜ本書を執筆しようと考えたのか。それは、今、インサイドセールスという職種やその働き方が個人にとっても、企業にとっても必要とされているからです。労働人口が減少の一途をたどり、日本のＧＤＰを維持していくためには労働力の確保と生産性の向上は避けて通れません。そんな日本においてインサイドセールスは希望の光だと思っています。

まず大きなメリットになるのが在宅ワークでも十分に成果を出すことができるという点です。様々なライフイベントや家庭環境によって働く場所や時間が制限される人は少なくありません。しかしインサイドセールスであれば、柔軟性の高い働き方を実現することができるのです。

加えて異業種間での転職の選択肢を広げることも可能になります。アパレル業やホテル業、ウェディングプランナーからＩＴ企業への転職は一見すると難しそうだと思う方が多いのではないでしょうか。しかしこれらは私の周囲で実際にあった転職なのです。

そしてインサイドセールスの最大の価値は「買い手の購買体験を変化させること」です。買い手の状況を想像し、求めている情報を準備し、最適なタイミングで届けることができれば購買体験はもっと素晴らしいものになります。また、売り手が買い手に提供するものは製品単体ではなく「買い手が認知してからの情報提供、商談後に製品やサービスを活用するまでに経験するすべての体験」であると考えています。ですから、その点においてもインサイドセールスが担う役割は重要であると言えます。

私はインサイドセールスの有効性がもっと大きく世の中に認知され、個人と企業の双方にとって、そして買い手にとっても欠かせない職種になると信じています。皆さんが本書を読み終えたあと、数年前の私と同じ様にインサイドセールスへの認識が大きく変わることを期待しています。

茂野明彦

目次

第3章

# インサイドセールスチームの立ち上げ

第4章

## インサイドセールスの採用



第5章

## 成約率を高めるインサイドセールスのKPI

## 第6章 成果を出すインサイドセールスのテクニック

## 第7章 チームマネジメントの鉄則



## 第8章 インサイドセールスの未来

## 本書内容に関する お問い合わせについて

ご質問や正誤表については、
下記のWebサイトをご参照ください。

刊行物Q&A https://www.shoeisha.co.jp/book/qa/
正誤表 https://www.shoeisha.co.jp/book/errata/

インターネットをご利用でない場合は、
FAXまたは郵便にて、下記までお問い合わせください。
電話でのご質問は、お受けしておりません。

送付先住所 〒160-0006 東京都新宿区舟町5
FAX番号 03-5362-3818
宛先 ㈱翔泳社 愛読者サービスセンター

# 会員特典データのご案内

**読者の皆様に、新たにインサイドセールスを設置する際に役立つ「インサイドセールスの立ち上げガイド」と、ヒアリング前の想定質問集の作成に役立つ「CRIP & PAPER のフレームワーク」を無料でプレゼントいたします。会員特典データは、以下のサイトからダウンロードして入手なさってください。**

URL https://www.shoeisha.co.jp/book/present/9784798167541

※会員特典データのファイルは圧縮されています。ダウンロードしたファイルをダブルクリックすると、ファイルが解凍され、ご利用いただけるようになります。

---

### ◯ 注意

※会員特典データのダウンロードには、SHOEISHA iD（翔泳社が運営する無料の会員制度）への会員登録が必要です。詳しくは、Webサイトをご覧ください。

※会員特典データに関する権利は著者および株式会社翔泳社が所有しています。許可なく配布したり、Webサイトに転載することはできません。

※会員特典データの提供は予告なく終了することがあります。あらかじめご了承ください。

### ◯ 免責事項

※会員特典データの記載内容は、2020年11月現在の法令等に基づいています。

※会員特典データに記載されたURL等は予告なく変更される場合があります。

※会員特典データの提供にあたっては正確な記述につとめましたが、著者や出版社などのいずれも、その内容に対してなんらかの保証をするものではなく、内容やサンプルに基づくいかなる運用結果に関してもいっさいの責任を負いません。

※会員特典データに記載されている会社名、製品名はそれぞれ各社の商標および登録商標です。

# 第1章

# インサイドセールスとは

インサイドセールスは複数の機能で構成されており、企業や業態によってその役割は様々です。主に商談のアポイント（以後、商談機会）の獲得、客先を訪問せずにWeb会議システムを使った商談（以後、オンライン商談）で契約締結を目指す役割に分類されます。皆さんのビジネスモデルにとって最適な役割とはなにかをぜひ考えてみてください。

# 1 インサイドセールスの3つの役割

インサイドセールスには大きく分けて3つの役割が存在します。主に問い合わせからお客様との商談の機会（以後、商談機会）を創出するSDR（Sales Development Representative）。ターゲット企業を選定し、主に手紙やアウトバウンドコールによって商談機会を創出するBDR（Business Development Representative）。そして客先に訪問せずにオンライン商談を進め、最終的な契約締結までを行うOnline Salesです。

**SDR、BDR、Online Salesの必要性は企業によって異なります。**例えば100名以下の従業員規模をメインターゲットとしている企業であればBDRのような役割は効率が悪く、SDRが問い合わせ対応から生み出す商談機会を最大化することが最も効率的となります。

また、商品や商習慣によって訪問営業が必要不可欠な場合はOnline Salesは存在せず、訪問型営業のみで営業組織を構成することもあります。とくに大手企業は商習慣から訪問が必須だと言われてきましたが、新型コロナウイルスの影響で訪問営業が制限される中、今までよりも格段にオンライン商談が増加しています。

## 問い合わせやイベントから商談を作るSDR

SDRはマーケティング活動によって獲得した見込み顧客の個人情報（名刺情報など。以後、リード）を受け取り、電話やメールを使ってアプローチを開始します。

基本的には短期間で商談機会の獲得を目指しますが、場合によっては複数回、長期間にわたって見込み顧客との関係性を構築し、必要な条件とタイミングが揃った時点で商談の日程を打診、調整完了後に営業へ引き継ぎます。必要な条件とは自社の製品を検討しうる情報です。例えばBANT情報（Budget：予算、Authority：決裁権、Needs：必要性、Timeframe：導入時期）などの購買可能性を表すものや、新規顧客開拓数、採用予定人数など、成約率が高い顧客を表す指標などを設定します。

また、新規で獲得するリードが少ない場合や特定の営業の商談供給数が足りない場合は、過去に獲得した古いリード、過去に失注した商談、そして今まで問い合わせや商談履歴のない企業へのアウトバウンドコールも実施します。SDRは組織全体の生産性を担う、非常に重要な役割と言えます。

## ターゲット企業を選定し戦略的に商談獲得を狙うBDR

SDRのカバー範囲を面とするなら、このBDRは点での活動を行います。少し言い方を変えると、SDRはマーケティング部門が獲得したリードを中心に商談機会を獲得すること（リードベースドマーケティング）ですが、BDRはターゲット企業を選定し、場合によっては同一企業内で複数の商談機会を獲得すること（アカウントベースドマーケティング）といったスタイルの違いがあります。**主にSDRは中小企業やスタートアップと呼ばれる新興企業群をターゲットとする場合が多く、BDRは大手企業をターゲットとする場合が一般的です。**

BDRのターゲットは大手で社数が少ない、もしくは市場が限定的でターゲット社数が少ないビジネスであることが多いため、やみくもに電話をして量で勝負するのではなく、1社ごとに営業部門と戦略を練り、場合によってはアカウントプラン（ターゲット企業ごとの戦略）を立てながらアプローチの方法を探ります。

**近年よく利用される手法が「C x O(Chief Executive Officer) レター」です。**まず企業情報を集め、仮説を立てます。そして手紙に商談をしたい旨を記載し、実際に送ります。手紙が到着したタイミングで電話をかけて商談機会の獲得を目指すのですが、決して効率が良いとは言えません。ですから単価が低く、ターゲットの社数が多いビジネスには有効とは言えず、単価が高く社数は少ないが攻略難易度の高い企業群にアプローチしている場合に実施します。このCxOレターの詳細については後述します。

**また、リード獲得の面でも大手企業と中小企業では違いがあります。**

中小企業であれば決裁者が直接情報収集することも多く、一般職のリードを獲得した場合でも決裁者との距離感が近く、上申から導入という流れで受注することも少なくありません。

一方で大手企業では一般職からの上申は難易度が高く、受注可能性が低いため、役職者と商談することが受注への近道となります。しかし、大手企業の役職者が情報収集をしてくれるのを待っていては日が暮れてしまいます。

そのため、ターゲット企業を選定し、該当する役職者や役員に直接アプローチするBDRが必要なのです。

## 非対面で成約まで完結させるOnline Sales

徐々に広がりを見せていたオンライン商談ですが、2020年の新型コロナウイルスの影響で一気にその認知度を拡大させ、それまでは難しいとされていた大手企業への営業活動もオンライン商談で代替できるようになりました。

**オンライン商談の特徴はなんと言ってもその生産性の高さです。**往復の移動時間がゼロになり、それまで1日に3件～4件が限界だった商談数が、5件～6件の商談を実施することや、1件の商談の準備に移動時間をあてることが可能になりました。

新型コロナウイルスの影響で需要が高まり、オンライン会議システムを提供するZoom社の株価は2か月で3倍に、国内大手V-cube社の株価も2倍に急伸しました。また、Zoom社はオンライン会議システムをオンライン商談に転用していますが、オンライン商談に特化した製品を提供しているベルフェイス社も一気にユーザー数を拡大するなど、それまで消極的だった企業へ一気に広がりました。

これだけ市場が拡大しているオンライン商談ですが、今までと違うスタイルでの商談であり、単純に訪問しなくなっただけ、ではありません。オンライン商談に特化したノウハウについては第6章4節で後述します。

SDR/BDRの役割とOnline Salesの変化

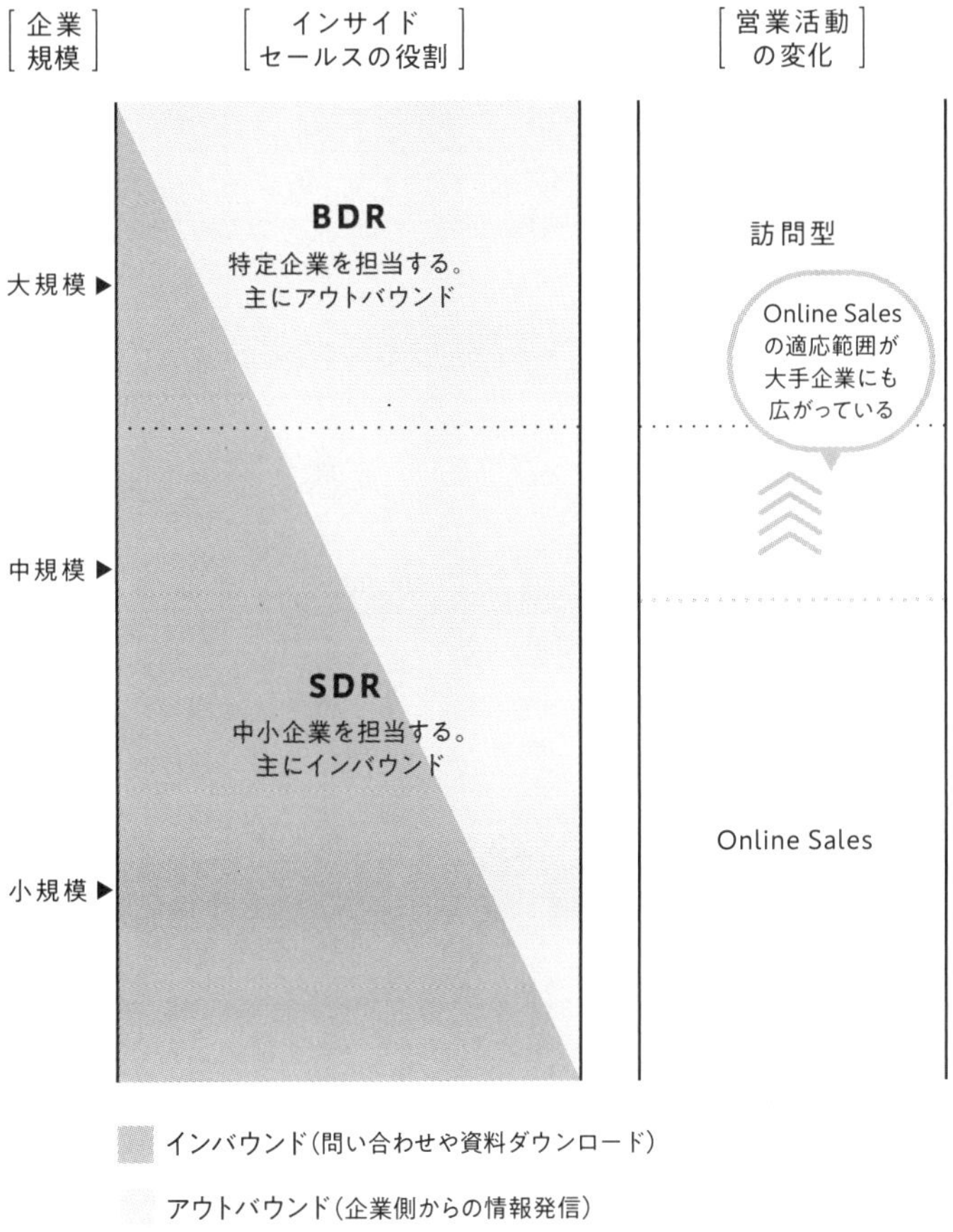

# 2 インサイドセールス3つの配置タイプ

インサイドセールスの配置には大きく分けて分業タイプ、独立タイプ、混合タイプの3つのタイプがあります。それぞれの配置におけるインサイドセールスの役割を説明し、そのあとにビジネスモデルに合わせた選択方法を説明していきます。

## 商談のパスだけを行う分業タイプ

SDRとBDRだけを配置する場合はこの分業タイプにあたります。例えばメーカーなどのオンライン商談が不可能な業種や、大手企業がメインターゲットの企業では主にこの分業タイプを選択します。

**分業タイプの最大のメリットは生産性の向上です。**営業が1人で商談獲得から成約まで担っていた先発完投型の組織と比較すると、単一業務に集中することで特化したスキルアップが期待できる点や、獲得したリードの対応漏れや遅れの減少によって、商談獲得数が向上します。また、分業によって業務範囲をある程度特定することで必要なスキル習得に対するトレーニングや学習コンテンツに集中させることも可能です。社内からの異動者も受け入れやすく、外部採用となった場合に営業と比べて候補者が多いこともメリットとして挙げられます。採用については第4章で詳しく解説していきます。

**一方で、1つの業務に集中するためキャリアが描きにくいのではないか、スキルアップの機会が少ないのではないかと相談を受けることがあります。**この課題については多くの企業がSDRとBDRを卒業したあとに営業部門やマーケティング部門などへのキャリアプランを用意することで解決しています。なお、分業タイプの場合は、商談を提供する営業部門との折衝が発生しますので、部門間の連携コストは一定量発生します。

## 商談の成約までを完結する独立タイプ

SDRとBDRに加えてOnline Salesをインサイドセールス部門内に配置するタイプを独立タイプと呼びます。独立タイプは、主に低単価の商材を扱う企業や、ターゲット企業が中小ベンチャーの場合に選択されることが多く、比較的商談期間の短い製品を扱う企業に向いています。

**独立タイプのメリットは「自部門内ですべてが完結できる」ことにあります。**例えば予算設計や人員配置、商談の条件設定や変更が柔軟で、他部門との連携コストが低くなります。分業型の場合は部門が違うため営業部門の予算設計の完了を待ってから、もしくはある程度固まった段階まで待って初めて着手することになりますので、場合によってはかなりの短納期で予算設計から戦略の立案までを完了する必要があります。

また、進捗状況に応じて予算やリードからの商談獲得率などの各種転換率を変更して目標値の調整をする場合も営業部門と連携のうえ、交渉や調整をしなくてはなりません。独立型にすることでこういったストレスからは解放されます。

**一方で部門内に役割が増えることで教育コストは増大し、採用難易度もOnline Salesが加わることで格段に上がります。**しかし、ここ数年インサイドセールスが市場に広がったことで5年前と比較してかなり採用条件に合致する候補者は増えていると感じます。

## ターゲット企業の規模や地域によって分ける混合タイプ

ターゲット企業の規模や地域が多岐にわたる企業の場合には混合タイプのインサイドセールスを配置します。例えば「大手企業から中小企業まで幅広い層をターゲットにしている」「日本全国の企業を相手に事業を展開しているが、大都市にしか営業拠点がない」といった企業です。

つまり、大手企業は分業タイプで商談の獲得までを担い、中小企業はOnline Salesで成約までを完結してしまう、といった対応が考えられます。営業拠点のある大都市圏はＳＤＲとＢＤＲが商談機会を獲得し、営業との連携によって成約を目指し、地方都市はインサイドセールスチームがオンライン商談で成約を目指す、といった**状況に合わせた対応が可能になります。**

一見するとメリットばかりのような混合タイプですが、**その最大のデメリットは業務や予算策定における設計難易度が圧倒的に高いということです。**それと同時に相対する部門によって予算や商談の獲得条件が変わってくるため、**連携コストも増大します。**

いきなりすべてを混合タイプで始めず、まずは一部地域で分業タイプをスタートし、徐々にインサイドセールス部門を増員、営業部門内にOnline Salesを配置していくことを推奨します。

## 自社に合わせたインサイドセールスの選び方

まずは横軸に提供製品・サービスをおき、単価（高単価、低単価）で分類し、さらに

インサイドセールスの3分類

出所：SAIRU「インサイドセールスとは？ 導入を成功させる113のチェックポイント」
※一部、表記を本書の内容に沿って変更。
https://sairu.co.jp/doernote/184

組織構造の違い

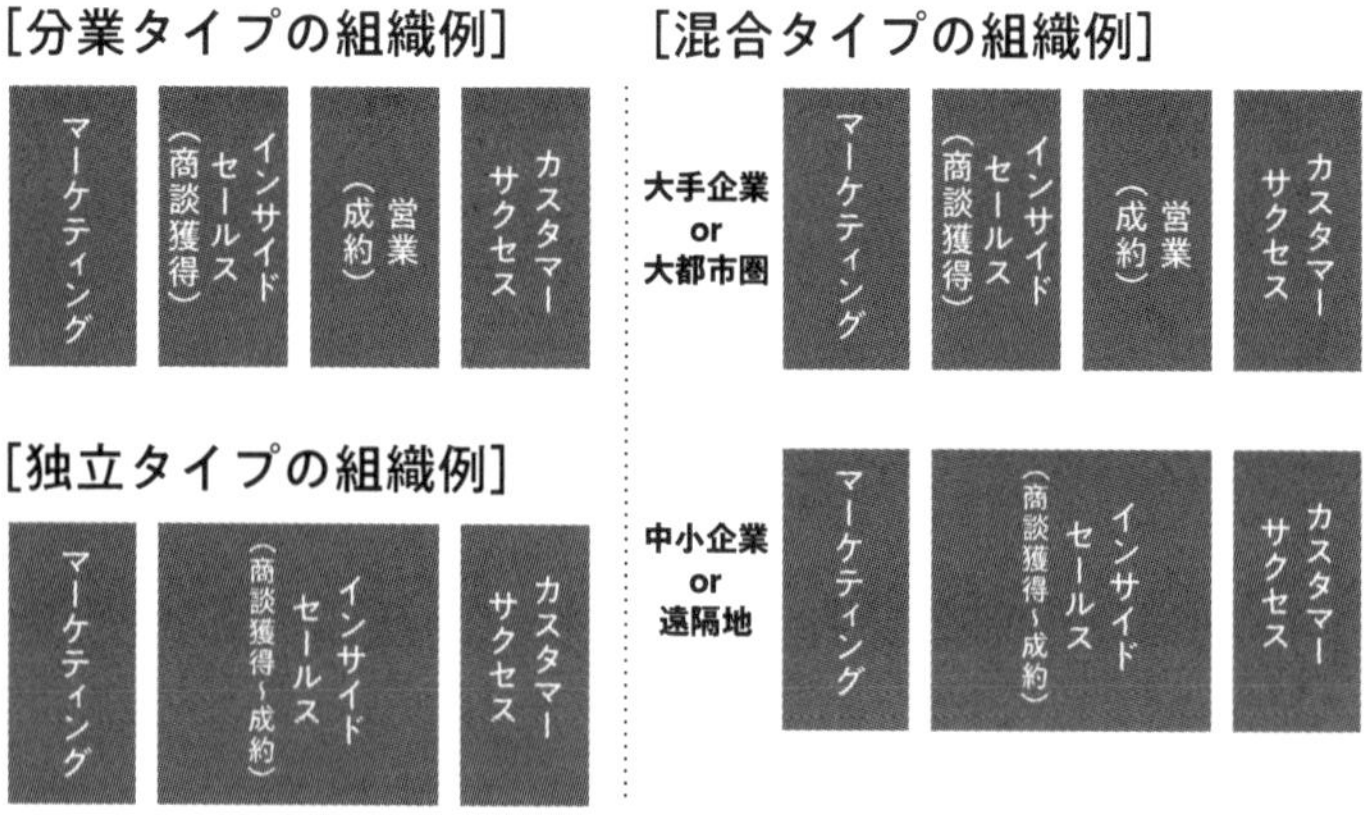

売り切りモデル、継続モデルの2つに分類していきます。そして縦軸には対象顧客を個人か法人に分類し、そして大企業か中小企業か、若年か老年かに振り分けていきます。それを図に起こしたものが29ページのインサイドセールス適合表です。

**大手企業向けの高額製品の場合は分業タイプが最適です。**大手企業に対して高額製品を販売する場合、複数の担当者と複数回にわたり商談を続ける必要があり、これをオンライン商談に切り替えるには難易度が高く、逆に成約率や生産性を下げてしまう可能性があります。新型コロナウイルスの影響でかなり緩和されたように感じていますがもう少し時間が必要であり、まだまだオンライン商談だけですべてを完結することは難しいように感じます。**一方で、売り切りモデルの低単価の製品を中小企業に販売する場合は独立モデルで十分対応が可能です。**単価が低い製品の場合は、移動の時間や交通費を削減し、かつ商談件数も増やせることから成約率が向上しなくても売上を増大させることが可能になります。このように自社の製品やターゲット企業によってスタイルをうまく合わせることで、売上や利益を引き上げることが可能です。

ここでいくつかのインサイドセールスの活用例をご紹介します。まずは「混合タイプ」のセールスフォース・ドットコム社です。ご存知の方も多いと思いますが

1999年にアメリカで創業されたCRM（顧客管理システム）の最大手企業であり、昨今注目されているサブスクリプションモデル（サブスクモデル）のリーディングカンパニーです。提供製品は様々ありますが、対象顧客は創業間もないスタートアップから日本を代表する大手企業まで幅広く、日本全国が契約対象です。営業拠点のある地域では分業タイプで訪問営業が対応、拠点のないエリアでの契約はオンライン商談で対応します。また、官公庁や大手企業の場合も分業型で対応しています。

次にビズリーチ社ですが様々な事業を展開している都合上、事業部によってそのタイプが違います。まずはビズリーチ事業ですが、即戦力人材と企業をつなぐ転職サイト「ビズリーチ」を運営しています。対象顧客は全国の企業であり、セールスフォース・ドットコム社と同様にスタートアップから大手企業まで幅広い規模の企業を対象としています。ここまで説明すればおわかりの通り、ビズリーチ事業も「混合タイプ」となります。次にHRMOS（ハーモス）事業です。ビズリーチ事業とは提供サービスの形態が異なり、セールスフォース・ドットコム社と同じサブスクモデルである人財活用プラットフォーム「HRMOS」を提供しています。サブスクモデルという点はセールスフォース・ドットコム社と同様なのですが、対象顧客を定めていることから「分業タイプ」を採用しています。

## インサイドセールス適合表

［①提供製品・サービス］

| ［②対象顧客］ | | 高単価 | | 低単価 | |
|---|---|---|---|---|---|
| | | 売り切りモデル | 継続モデル | 売り切りモデル | 継続モデル |
| 法人／BtoB | 大企業 | ①分業タイプ | ①分業タイプ | ①分業タイプ | ①分業タイプ |
| 法人／BtoB | 中小企業 | ③独立タイプ | ①分業タイプ | ③独立タイプ | ③独立タイプ |
| 個人／BtoC | 若年 | ①分業タイプ | ③独立タイプ | ③独立タイプ | ③独立タイプ |
| 個人／BtoC | 老年 | ①分業タイプ | ①分業タイプ | ③独立タイプ | ③独立タイプ |

［セールスフォース・ドットコム社］

| | | |
|---|---|---|
| 製品 | 高単価、継続モデル | 混合タイプ |
| 対象顧客 | 法人向け、大手企業から中小企業まで幅広い | |

［ビズリーチ社］※ビズリーチ事業の場合

| | | |
|---|---|---|
| 製品 | 高単価で売り切りモデル ※継続利用あり | 混合タイプ |
| 対象顧客 | 法人向け、大手企業から中小企業まで幅広い | |

［ビズリーチ社］※HRMOS事業の場合

| | | |
|---|---|---|
| 製品 | 高単価で継続モデル | 分業タイプ |
| 対象顧客 | 法人向け、対象企業は限定的 | |

●『THE MODEL』の著者・福田康隆氏に聞く

# 「インサイドセールスの重要性」

福田康隆
ジャパン・クラウド・コンピューティング株式会社 パートナー兼
ジャパン・クラウド・コンサルティング株式会社代表取締役社長

日本オラクルに入社後2004年セールスフォース・ドットコム社に転職。以後9年間にわたり日本市場における成長を牽引する。専務執行役員兼シニアバイスプレジデントを務めたあと、2014年にマルケト入社と同時に代表取締役社長へ。2020年1月よりジャパン・クラウド・コンピューティング社のパートナー兼ジャパン・クラウド・コンサルティング社の代表取締役社長に就任。

BtoBのSaaSの分野において、海外で急成長している企業の日本市場への進出を支援しているジャパン・クラウド・コンピューティング社のパートナー兼ジャパン・クラウド・コンサルティング社の代表取締役社長である福田康隆氏にこれまでのインサイドセールスの歴史とその重要性についてお話を伺いました。

## インサイドセールスの重要性

私がインサイドセールスに出会ったのは15年ほど前、当時は、「顧客は訪問するのが当たり前。電話でのヒアリングでは失礼」と言われたが、実際に開始してみると反響は良く「インサイドセールスが、電話やWeb会議で資料を共有しながら短時間でニーズに合わせ対応してくれるのは、検討する際に非常に助かる」という声を多くいただいたのを覚えています。自社の効率化だけを追求しては、顧客には受け入れられませんし、顧客の要望をすべて満たそうとすると、リソースの制約があって難しい。両方を満たす方法を探していました。また、インサイドセールス経験者が営業やカスタマーサクセスマネージャーへ異動し活躍する人材育成の場となっている点も、当時から変わらないインサイドセールスの大きな存在意義だと考えています。

## インサイドセールスに求めること

営業の仕事は課題の発見と解決策の提示と言われますが、自社製品の知識が乏しい状態では課題の発見も、最適な提案も不可能です。まずは製品知識を身につけること、そしてそれを継続することがとても重要です。インサイドセールスは将来のお客様が出会う最初の接点です。そこでの体験がお客様の期待値を下回った場合、その後の取引が難しくなることすらあります。ですからインサイドセールスは「会社の代表である」という意識を常に持ち続け、良質な顧客体験を提供し続ける必要があります。また、お客様の生の声に触れ、社内にフィードバックすることです。日々多くの見込み顧客とコミュニケーションをする中から見えてくる情報は多く、人間だからこそ得られる情報も少なくありません。

最後に商談の品質についてです。インサイドセールスから「○○が課題ですよね？」と質問し「はい」と答えた場合と、「○○の部分に課題はありますか？」という質問に「実は○○が○○で……」と答えた場合では、ニーズが強く信ぴょう性が高いのは後者です。ですからインサイドセールスは単純にBANT情報を揃えるのではなく、本質的な課題発見を担うべきだと考えています。また、マネージャーの皆様は会話をモニタリングし、その商談の中身とインサイドセールス自身の見解に相違がないか、バリューに反している行動はないかを見極めることが重要です。

ここ数年で、マーケティングと営業をつなぎ、会社の売上を最大化するために必要なミッションを担うインサイドセールスに魅力を感じるという人が増えてきたように思います。また、インサイドセールス本人だけではなく経営陣が顧客として体験したり、先進企業の事例から学んだりすることでその重要性に気付き始めており、インサイドセールスを導入する企業が増えています。

認知が広がった一方で型にはまったやり方も増えているように感じます。リードをフォローして商談化するという視点ではなく、顧客は検討段階でどのような課題を抱えているのか、自分がどのような情報提供やアプローチをするのが最も良い顧客体験を提供できるのかを模索してほしいと思います。リモートワークが加速するなど、環境が激変している今だからこそ、より良いやり方を模索する絶好の機会ではないでしょうか。

# 第2章

# なぜ今 インサイドセールスが 必要なのか

インサイドセールスはSaaS企業だけのものではありません。今では通信、金融、製造業など多種多様な企業で導入される仕組みとなっています。第2章では今日に至るまでの顧客側の変化や企業側のビジネスモデルの変化を用いて「なぜインサイドセールスが必要なのか」を説明していきます。顧客側の視点と企業側の視点の両方から読んでいただけるとより理解が深まるでしょう。

# 1 顧客の購買行動の変化

突然ですが、皆さんは飲食店を予約するときに検索しますか？

希望に沿う店舗が見つかって電話する瞬間、そのまま予約する確率は何%ですか？

おそらく多くの方がそのまま予約をするのではないでしょうか。つまり、買い手と売り手が出会うその瞬間にほぼ成約が決まっているのです。これはBtoCに限った話ではなく、BtoBでも同様の変化が起こっています。次ページの図をご覧ください。上段がこれまでの購買モデルです。法人が課題を解決しようと考えた場合、まず取る行動は〝営業に会う〟というものでした。比較して下段をご覧ください。ここ数年で大きく変わったのは「最初に検索し、情報収集を繰り返して出会ったときには購買の57%の購買プロセスが完了している」という点です。

そのような変化もあり、多くの企業がBtoBマーケティングに取り組み、Webサイトの改修やコンテンツ整備、そして顧客に合わせたデジタル広告などを使ったデ

認知から購入、利活用に至る接点の変化

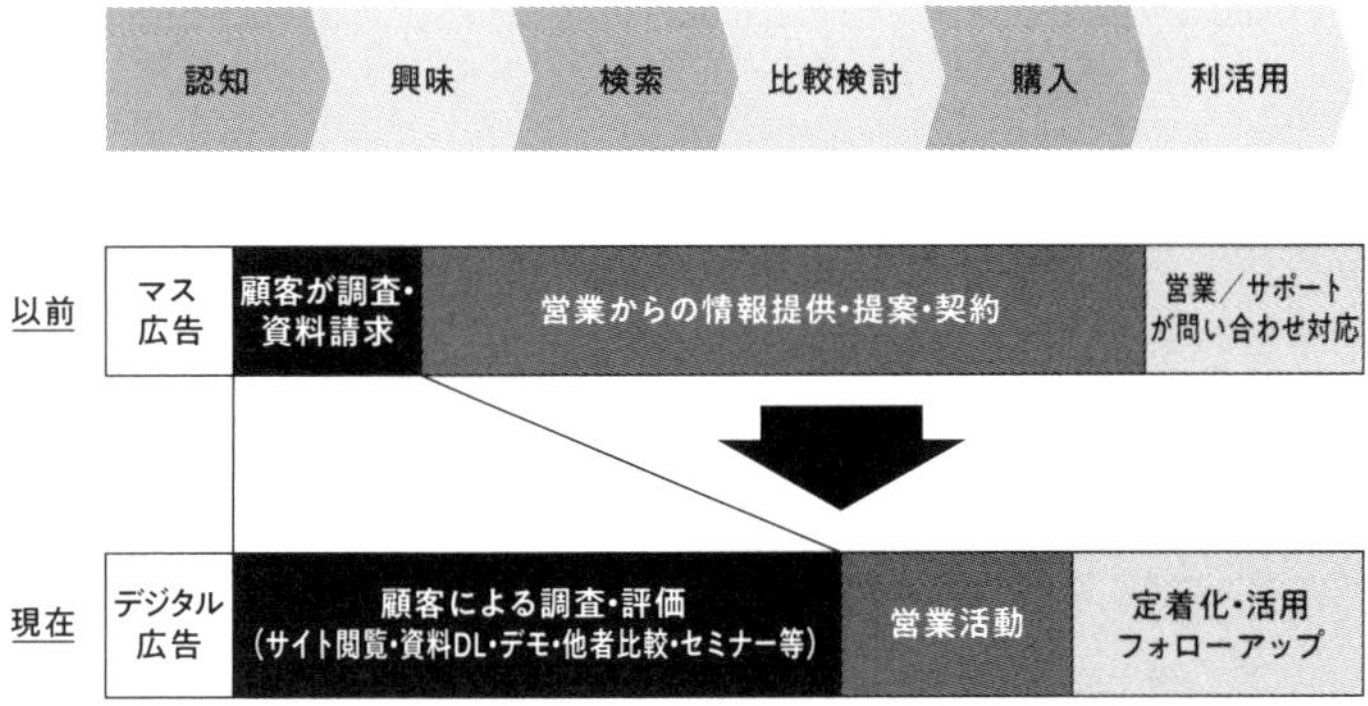


（出所：『THE MODEL』（翔泳社）P.49より）

ジタルマーケティングに投資を始めたのです。**しかしそれによって、商談機会の獲得に至らないものが増え、結局受注コストが増加するという新たな問題が発生しました。**

　それは、マーケティング活動で獲得したリードが活用されていないことが要因です。マーケティング部からリードを渡された営業は、まず選別し、温度感の高そうなものにのみアプローチし、残りはそのまま放置してしまいます。また、温度感の高いリードにもすぐにアプローチすることはできません。例えば問い合わせが月末に入った場合、営業は今月の売上のために奔走していますのでリードの対応は後回しになります。これではせっかく獲得したリードが台なしです。**ですからスペシャリストであるインサイドセールスが必要になったのです。**

# 2 サブスクリプションモデルの台頭によるビジネスモデルの変化

サブスクリプションモデル（以後、サブスク）とは現代の新しいビジネスモデルの総称で、一言でいえば「継続課金型の購買モデル」です。

例えば従来のシステム開発では、検討に長期間を要し、いざ決まれば利用者は莫大な初期コストを支払って開発をスタートするといった形態でした。一方でサブスクは利用者が早く、安く始めることが可能で、かつ継続的なアップデートによる新機能の恩恵を受けることが可能なサービス提供形態です。

サブスクの台頭により、インサイドセールスがより求められるようになりました。**理由の1つは営業の負担が増加するためです。**サブスクは継続的な機能開発が発生するため営業はその機能に対応していく必要があり、かつそれ自体が商談のチャンスとなるため常に見込み顧客や既存顧客と商談をする必要があります。加えて売り切り型ではないために契約の継続交渉、契約期間中のライセンスの追加契約など、今までよりも複雑かつ膨大な業務に追われることになったのです。さらに、これまではシステム導入と言えば情報システム部、といった構図でしたが、サブスク時代になり営業部門、マーケティング部門、人事や総務部門のユーザー自身がサービス検討を始めるようになり、様々な部署から時には同時に問い合わせが発生するようになりました。そのため新規の問い合わせ対応や、新規顧客との商談設定を担うインサイドセールス（SDR、BDR）のニーズが高まったのです。

また、これまでは数億円のプロジェクトの契約が主でしたのでとてもオンライン商談で完結することはできませんでしたが、**サブスクは初期にかかる費用が非常に安価（月払いや年単位での支払いが主流）なため、契約自体をオンライン商談で完結することが可能になりました。**これもサブスクの台頭によるインサイドセールスの需要拡大の理由として挙げられます。

以上の理由からIT企業だけではなく、金融や通信などの様々な業種が売り切り型のビジネスモデルからサブスクモデルへの転換を図ると同時に、インサイドセールスを立ち上げる事例が増えてきています。

3

# 生産年齢人口減少による働き方の変化

2020年現在も生産年齢人口は減少し続けており、それは2065年まで続くと想定されています（*）。

そのような中で注目されているのが在宅ワーカーです。子育てや介護、その他様々な理由でオフィス勤務はできなくても在宅であれば勤務可能な方を多くの企業が採用し、新たな労働力として雇用が進んでいます。その在宅ワークに最適な職種がインサイドセールスなのです。最低限パソコンとスマートフォンがあれば業務が可能で、過去に営業経験がある方はオフィス勤務のインサイドセールスよりも成果を上げているといった事例も聞くようになりました。

これまで「地方×子育て」という組み合わせでの就職はかなり難易度が高かったと言えます。しかし在宅業務であれば、子育てと業務の両立が可能になり、企業の所在地は問題になりません。実際に活躍しているベルフェイス社・岡崎氏のインタビュー

*出所：平成30年度人口減少をはじめとする経済構造変化の下における中小企業のあり方に関する調査に係る委託事業調査報告書（三菱UFJリサーチ＆コンサルティング）
https://www.meti.go.jp/meti_lib/report/H30FY/000575.pdf

を第2章末に掲載していますのでぜひご覧ください。ライフイベントによって断念したキャリアをインサイドセールスによって乗り越え、それまでと同様、もしくはそれ以上に活躍している素晴らしい実例です。

また、同様に家族の都合で転勤を余儀なくされた方もインサイドセールスに異動し、そのまま勤務を継続する場合もあります。避けては通れない労働人口の減少に対して優秀な在宅ワーカーを採用し、活躍できる環境を整備することは多くの企業にとって優先度の高い課題であると言えます。また、定年により現役を引退した営業経験者の採用を検討している企業もあります。長年最前線で活躍したその戦略眼や商談の見極めに期待しているのです。

そして2020年の8月、私はこの書籍を自宅で執筆しています。

新型コロナウイルスの影響で私のチームも全員が在宅勤務中ですが、一時的に下がった生産性も今は回復し、オフィス勤務の頃と比べても遜色なく成果を出すことができています。そのために必要なのが様々なテクノロジー、つまりSaaSに代表されるクラウド型のアプリケーションです。次の4節で解説しますが、こういったテクノロジーの進化をなくして在宅ワークを実現することはできないのです。

# 4

# テクノロジーの進化による営業手法の変化

「営業は足で稼ぐ」「売れる営業はセンスが良い」という時代から「テクノロジーを活用した営業」へと進化しており、大手企業やベンチャー企業だけでなく中小企業でもその活用が進んでいます。ＣＲＭ（＊）(Customer Relationship Management)、ＭＡ(Marketing Automation) やオンライン商談システムがそれにあたります。

ＣＲＭに一元化された情報から対象となるリードを抽出し、ＭＡでメールを送信。メールの開封やＵＲＬのクリックなどの反応があった見込み顧客を即座に把握し過去の閲覧履歴を参照しながら電話やメールでアプローチし、オンライン商談システムで商談を行いそのまま受注する。

こういった一連の営業活動は現在多くの企業で取り入れられています。

＊CRMとは本来、情報の一元化により、顧客をより深く理解し、営業活動の向上のみならず、サービス、マーケティング、経営戦略などに活かしていくことで、企業が顧客とのつながりを維持し、顧客生涯価値（LTV）と収益を向上させる手法。本書では顧客管理システムを内包した意味で使用する。

## CRMとMAの参考イメージ

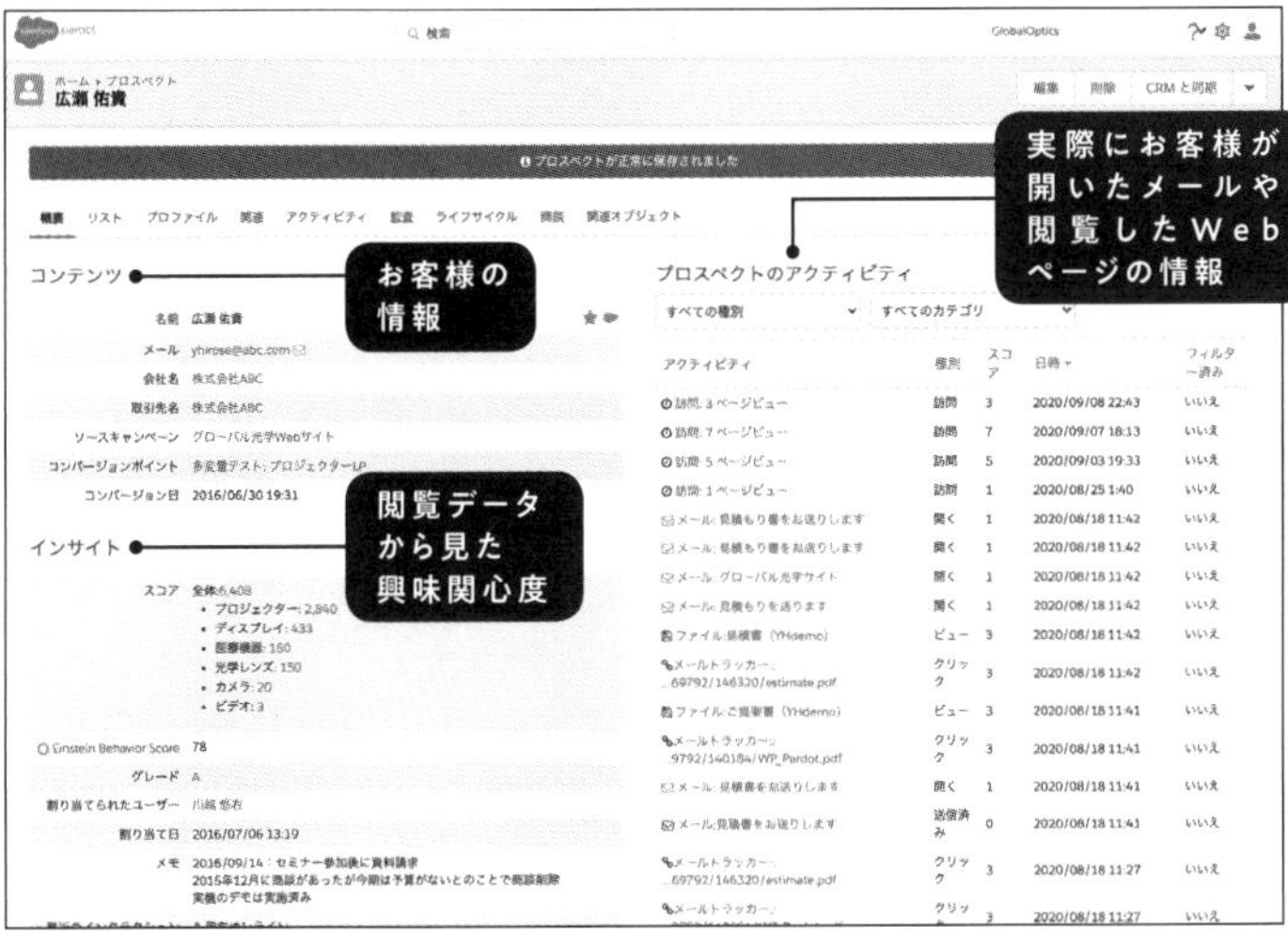


ほんの20年前には存在しなかった概念であり、日本に普及したのもここ数年です。

今までは、顧客の情報は営業が管理し、訪問でしかその変化を捉えることができませんでしたが、テクノロジーの進化によってその情報が共有され、購買プロセスが明確になり、分業することが可能になったのです。また、電話も進化しています。例えばレブコム社が提供するMiiTelというＩＰ電話はパソコン経由で電話の発着信が行えるだけではなく、通話内容を自動で録音・解析することで最適な会話を示唆してくれるので、顧客対応品質と生産性を向上させることが可能です。

## 5 ゼネラリストからスペシャリストへ。キャリア思考の変化

日本では社内で異動を繰り返しながらゼネラリストとしてキャリア構築するのが一般的でした。しかし近年では、日本にも多くの外資系企業が進出したことで、マーケティングや採用のプロといったスペシャリストとしてのキャリア構築が一般化しました。そのような中でインサイドセールスのスペシャリストを目指す人が増えてきています。理由は大きく3つです。1点目は働き方の柔軟性、2点目はスペシャリストが少なく希少性が高いこと、3点目はマーケティングや営業へキャリアを転換しやすい汎用性があることです。

### 働き方の柔軟性

前述したようにインサイドセールスは働く場所を選びません。地方にいても、在宅でもどこからでも働ける、つまり、自身のライフイベントに柔軟に対応することがで

きるのです。また、地方創生と社員のワーケーションの一環としてセールスフォース・ドットコム社は2015年、和歌山県白浜町にテレワークオフィスを開設しました。

翌年の2016年には、通勤時間の削減による社会貢献活動時間と、地域交流や自己投資時間が増加し、事業成果としては商談件数や成約金額がそれぞれ20％以上増加しました（＊1）。これは単に働き方の選択肢が広いということだけではなく、柔軟な働き方は生産性にも寄与するということを示しており、その働き方にインサイドセールスは相性が良いと言えます。

## スペシャリストが少ない希少性

2015年から2018年の3年間でインサイドセールスの求人は約18倍に急増しています（＊2）。とくに2017年からの成長が大きいことからもわかるように、まだまだ未成熟な人材マーケットのためプロフェッショナル人材の絶対数が需要に対して圧倒的に少ないのが現状です。

こういった背景からスペシャリストを目指す20代のビジネスパーソンが増加しています。現に多くのベンチャー企業では20代の若手でSDRやBDRの責任者を務める

＊1 数値の参考元：My Desk and Team「サテライトオフィス成功の秘訣はOhanaカルチャー。セールスフォース・ドットコム白浜オフィスに学ぶ」 https://mydeskteam.com/2108/
＊2 キャリトレサービス内の求人数から算出。参考：キャリトレ https://www.careertrek.com/

人も多く、企業によってはOnline Salesチームを率いていることもあります。それだけ若手にチャンスが多い役割とも言えます。

私がインサイドセールスと出会った2012年はまだまだ営業への登竜門、育成機関としての印象が強く、早く卒業すべき場所という職業でした。当時はこのような状況になるとはまったく想像できませんでした。

## マーケティングやセールスへキャリア転換しやすい汎用性

インサイドセールスは、常に営業チームとマーケティングチームと連動して業務を遂行するため、キャリア転換も容易です。つまり常にその2つのチームの業務を見ながら、時には一部分を担うことで必然的に営業とマーケティングの基礎力がついているからです。もちろん営業とマーケティングの経験者に比べればスキル的には見劣りしますが、マーケティングに関しては「どんなリードを、どのような形で、どのように渡してほしいのか」といった業務解像度が非常に高く、リード獲得からの商談獲得率を高めるアドバイスが可能です。

企業によっては実際にマーケティングチームと打ち合わせし、コンテンツの企画立案や作成を担うこともあります。実際にビズリーチ社でもインサイドセールスがお客様にお送りする資料をデザイナーチーム、マーケティングチームと共同で制作しています。また、展示会の運営主体がインサイドセールスチームという企業も多く、その経験を活かしてマーケティング部門へ異動するメンバーも少なくありません。

営業についても同様で「どのようなフィードバックや情報が必要か」という部分が理解できているため、SDR、BDRとスムーズに連携して効果を最大限発揮することが可能です。加えて、見込み顧客の課題や役職別の傾向と対策、さらに豊富な事例知識と高いヒアリング能力という営業に必要な能力を備えているため、営業への異動は容易でしょう。

これは営業未経験のインサイドセールス個人にとって大きなメリットであるだけではなく、企業側にとっても採用候補となる母集団が格段に増える、競合他社とバッティングしないなど、採用の難しい営業人員を増員するための1つの手法になっています。また、インサイドセールスから内部異動した営業は、外部から採用した営業に比べて初年度の売上目標達成率が良い、という事例もあります。

インサイドセールスには売上貢献以外に、人員の充足という効果も見込めるのです。

● ベルフェイス社・岡崎莉絵氏に聞く

# 「新しいワークスタイル」

岡崎莉絵
ベルフェイス株式会社

1983年生まれ。愛知県出身。リクルートでの広告営業、人材派遣会社での営業管理を経て、2020年1月よりベルフェイスに入社。「フル在宅インサイドセールス第一号」として、インサイドセールスに従事。現在はリーダーとして商談創出できる組織作りに奮闘中。

オンライン営業システム「bellface」を提供するベルフェイス社では営業のほとんどをオンラインで実施しています。もちろんリモートワークも推奨しており、働き方の柔軟性を担保しながらも急拡大を続けている日本屈指のベンチャー企業です。そんなベルフェイス社で活躍する岡崎氏にお話を伺いました。

## 子育てをしながらの転職活動からベルフェイス社との出会い

私は、新卒でリクルートに入社して10年間勤務していましたが、結婚や出産を機に、続けることが難しいと判断して地元の会社に転職して営業事務として働いていました。

インサイドセールスへの転職のきっかけは、正直業務に対して物足りないという思いがあったからです。また、子どもが小学校4年生と保育園の年長になったのもあり、定時で帰れる仕事ならと思って探し始めました。ただ、仕事が多い大都市ではお迎えに間に合わないし、そもそも子育てをしながらの転職活動は厳しいものがありました。残念ながら、塩対応が多かったのです。

そのような中、知人の紹介でベルフェイス社にたどり着きました。私自身、まだインサイドセールスへの理解はなく、当時は「単なるテレアポでしょ?」というイメージで、あまりポジティブではありませんでした。しかし、ベルフェイス社の目指している世界に共感し、入社を決めました。リクルート時代にこのツールがあればもっと効率化できたし、もしかしたらそもそも仕事を辞めなくてよかったかもしれない。そんな人を救いたいと思ったのです。

入社してから研修のために1週間東京に出張しただけで、現在は完全に自宅で業務を行っています。最初は戸惑い、苦労しましたが、ベルフェイス社ではレコログという録画機能を使って過去の営業データを閲覧できるためかなり助けられました。

現在はリーダーを任せていただいており、入社したばかりの自分のように苦労しているメンバーの育成に力を入れています。対面で会ったことがないので信頼関係が築けているか不安になりますが、そのためにビデオをオンラインにし続けてすぐに相談しやすい環境を構築しています。

## リモートワークのメリットとデメリット

やはり自宅で勤務できるのは助かります。子どもとの時間も増えますし、休憩時間に簡単な家事をすることもできますし、通勤時間がないのでストレスになりません。

ただ、オフィスで机を並べていればもっと細かくメンバーのフォローができるのに、と不便に感じることもあります。それを解消するために、対話を増やすように心がけています。

私のように「地方×子育て」という環境を持つ方は、これまで働き方を制限されてきました。しかしインサイドセールスならハンデにならない、むしろ個性になると感じています。あらゆる行動がデータ化されているので、今までの働き方よりも情報が共有されていて指導も適切にできています。なにより、「早く帰らなければ」「子どもがいるから……」というネガティブな感情から解放されたことが大きいです。

私のような環境にいる方にこそ、ぜひインサイドセールスにチャレンジしてもらいたいと思います。

第3章

# インサイドセールスチームの立ち上げ

ここ数年で最も多くいただく質問がインサイドセールスチームの立ち上げ方、もしくは立ち上げたけれどどうすれば良いかわからないといったご相談です。本章では立ち上げまでに欠かせない心構えと準備を順にご紹介しながら、それぞれ陥りやすい失敗や絶対にやってはいけないポイントを解説していきます。これから立ち上げる方はもちろん、すでに組織がある場合は現在の組織と比較しながらお読みください。

# 1 インサイドセールスの本質はカスタマーサクセス

大前提として、カスタマーサクセスの考え方をインサイドセールスは持たなくてはなりません。カスタマーサクセスというのは部門の名称ではなく、事業の根幹となる考え方です。とくにサブスクの場合は「顧客の成功なくして継続なし」と言われるように契約はスタートラインであり、いかにサービスを通してお客様に便益を享受してもらうか、というところが本質です。インサイドセールスは見込み顧客が最初に出会う会社の顔であり、その体験が企業への評価に直結すると言えます。

**ですからインサイドセールスこそがカスタマーサクセスを実践すべき部門であり、これが抜け落ちた瞬間に単なるテレアポと化します。**

## 誤った認識による分業体制がもたらすもの

ではなぜこの意識が薄れてしまうのかというと、それはTHE MODELの誤った理解によるものです。THE MODELとは、分業による生産性向上を実現する組織戦略のフレームワークです。現ジャパン・クラウド・コンピューティングのパートナーでマルケト社の元CEOである福田康隆氏が執筆された書籍『THE MODEL』によって認知が広がりました。参考までに次ページの図をご覧ください。本来THE MODELとは連続したKPIの可視化による部門を超えたコミュニケーションによって生産性を最大化するためのものなのですが、ただの分業で終わっている、もしくはそこまでの理解で止まっている組織が多いように感じます。

すると必然的にインサイドセールス部門のゴールが「商談機会の提供」になってしまい、実際にお客様と対峙するインサイドセールスも「私ではそこまでわかり兼ねますのでぜひ一度商談の機会を……」や「お任せください！　では日程ですが……（自社製品ではそこまで解決できなさそうだけど実績のためにはここで商談を獲得しないと）」といったコミュニケーションに終始してしまいます。

「はじめに」でお伝えしたように、これからはお客様との信頼関係がとても重要になります。日々それを心がけて行動していればお客様から「前回は断ってしまったけれど、検討できるタイミングになったので打ち合わせを」「自部門（自社）では検討できませんが、ぜひ隣の部署（他社）に連絡してみてください」といったご連絡をいただけることが

THE MODELの構成

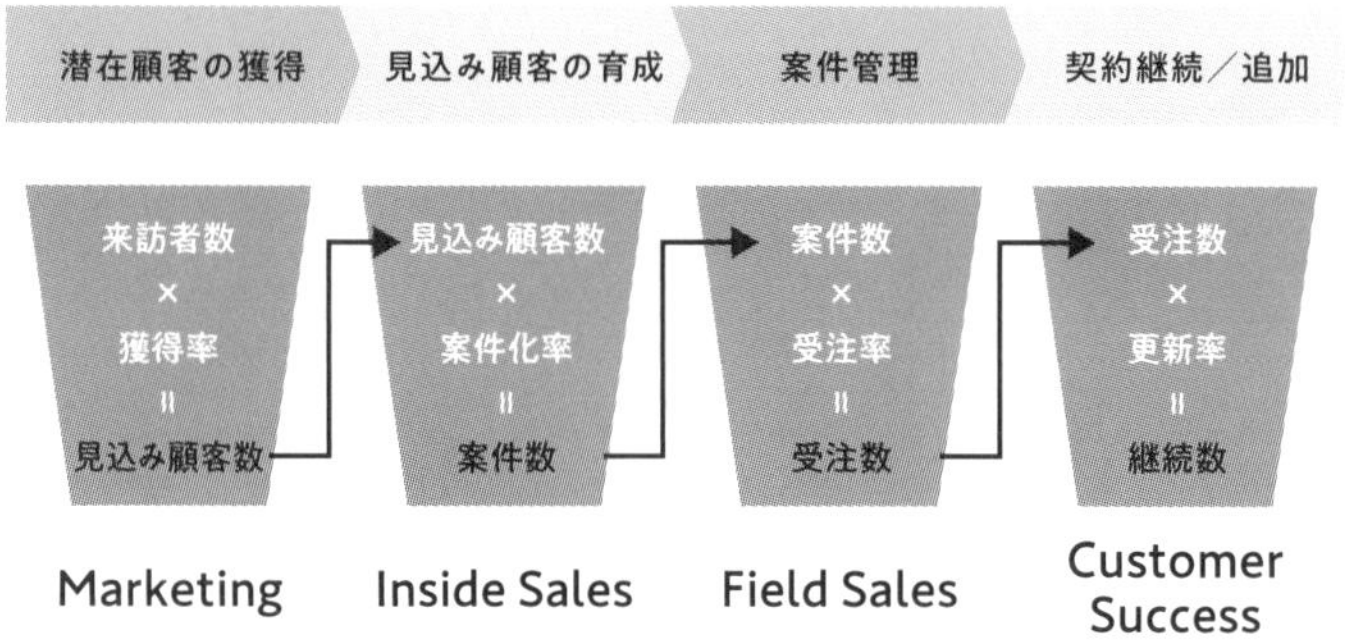


あります。営利組織において売上を上げることは至上命題ですが、短期的な売上だけを追うようなやり方では長期的な成長は見込めません。

また、インサイドセールス部門に教育部門としての役割を持たせている組織も多いと思いますが、実務から製品知識、顧客事例の正しい把握、新機能の共有などの教育プログラムがある組織はほんの一握りではないでしょうか。入社したての社員でもお客様に対して初心者マークを提示することはできません。

ぜひもう一度その役割と実態を確認し、カスタマーサクセスを実践できる環境整備に取り組んでいただきたいと思います。最も恐れるべき事態は、知らずしらずのうちにお客様からの信頼を毀損《きそん》している場合です。**間近の目標は商談機会の獲得かもしれませんが、その先には契約があり、さらにその先には顧客の成功という大きな目標があることを忘れてはいけません。**

## 2 完成形は〝常に変化できる組織〟

インサイドセールスとしての完成形を運営しながら考えて行き着いた答えが〝常に変化できる組織〟でした。市場環境や社内情勢によって、インサイドセールスには常に変化が求められます。大量の商談を求められることもあれば、質にこだわって商談数を減らすこともあります。重要なことは状況を理解し、常に会社全体を見渡しながら量や質を調整すること、そして自部門内で改善を繰り返しながら常に最良のアウトプットを出し続けることです。

### トヨタの仕組みからインサイドセールスを理解する

このインサイドセールスの仕組みに似たものにトヨタ自動車（以後、トヨタ）が実践するトヨタ生産方式があります。トヨタ生産方式の主な特徴は2点です。

**1点目は「自働化」です。**注意していただきたいのは自動化ではなく自働化だということです（トヨタ社内では「ニンベンのついた自働化」と呼びます）。オートメーション化を意味する自動ではなく、品質保証を自部門で完結するために常に生産したものを見直し、手を止めて改善するという意味です。そのために停止スイッチが各所に設けられ、生産管理板で作業内容を可視化し、ポカヨケ（ポカとはうっかりミスの意味）といった改善手法などが綿密に設計されています。

これをインサイドセールスに置き換えると、常に自分たちの生み出した製品（商談）をチェックし、不良品（商談として不適当なもの）を見極め、手を止めて改善する、そのために業務内容を可視化（ダッシュボードやスプレッドシートで行動や商談件数をチェック）しながら業務改善と品質改善を続ける、ということです。

**2点目は必要なものを必要なときに必要なだけ滞りなく生産する「ジャスト・イン・タイム」という考え方です。**自動車の製造ラインをイメージしていただくとわかりやすいと思いますが、例えば運転席を作る工程が遅れているのに座席をいつも通り生産すると、座席があふれかえり、作業場は埋め尽くされて作業効率がさらに落ちてしまいます。このようなことを防ぐためにトヨタではジャスト・イン・タイムが採用されていますが、そのポイントは「安定供給できる体制・オペレーションの構築と多能工化」です。普段から常に異常の発見と改善、そして生産性の向上を掲げ改善を続けることで急な需要の拡大や縮小に耐えうる生産体制を構築できていること。そして、様々な要望やトラブルに対処するために1人が複数の工程をこなせるような教育が施されていることの2点が揃って初めてジャスト・イン・タイム方式が機能します。

これをインサイドセールスに置き換えると、製造ラインの整備（リード供給や対応、各種ステージ整理と連携部分の問題解決など）を常に実施し、1人が複数の業務をこなせる（リードの対応からイベント対応、セミナー実施やコンテンツの作成などを実行できる）状態を日々準備しておくことで急な需要の拡大（商談数を増やしてほしいという依頼やリードの爆発的増加）や変化（商談条件の変化）に対応することが可能になるということです。

このように、余剰在庫を生産しない、つまり営業部門側の状況を常に鑑みながら商談の質や数をコントロールすることこそがインサイドセールスの存在意義なのです。**私はインサイドセールスをプロダクティビティマネージャー（生産性の責任者）という別名で呼んでいます。**冒頭で申し上げた通り、常に状況に応じて変化できる状態こそがインサイドセールスチームの完成形と言えます。

# 3 インサイドセールスのビジョンを決める

ここからは具体的な立ち上げのステップに入っていきますが、最初にすべきなのはインサイドセールスのビジョンを決めることです。**ビジョンとは「具体的な役割と存在意義が一言で理解できる抽象的なメッセージ」です。**一例として私のチームのビジョンをご紹介します。

**ビジョン「世界最強のチームを支える最高のミッドフィルダー（ピルロ氏）になる」**

変化に対応するインサイドセールスを、縦横無尽にピッチを動き回るミッドフィルダーにたとえたものです。「商談の創出という役割を通して世界に通用する事業を作る」ことを意味しています。

そして目標は元サッカー選手でイタリア代表経験もあるアンドレア・ピルロ氏に設

定しました。これはチームメンバーで話し合ってもらったのですが「最高の組織には最高のミッドフィルダーがいる」という話になり、ピルロ氏に決まりました。他にも指揮者やキャッチャー、クォーターバックなどが候補に挙がりましたが、「前線に攻め上がることもあるし自陣に戻って徹底的に守ることもある、そんな頼られる存在でいたい」とメンバーが言ったのが決定打でした。

また参考までに他社の事例も含めたビジョンをご紹介します。

- **事業を大きく成長させるジェットエンジンになる**
- **お客様の成功を作り出すチャンスメーカー（＊）**
- **全体を見渡して最適なパスを供給する司令塔**

インサイドセールスは非常に重要な部門でありながらも成果がわかりにくく、お客様からありがとうと言われる機会が限られている仕事でもあります。だからこそ自分たちがどこに向かっているのか、なにを成すために存在しているのかを示すことが重要です。

私自身もそうですし、個別に立ち上げをご相談いただいた場合も、まずこのビジョ

＊ブイキューブ社発案のチャンスメーカーの詳細はこちらをご参照ください。
SalesZine「インサイドセールスは『チャンスメーカー』ツールを駆使し、柔軟な働き方も実現するブイキューブの文化」
https://saleszine.jp/article/detail/674

ンの策定から始めていただくようにお願いしています。

まだビジョンを策定していない、という方はぜひメンバーと一緒になって考え、議論し、決めていくとより強いビジョンができあがると思います。

その際、絶対にやってはいけないことは「とりあえず決める」「メンバー間で意見がまとまらないのでマネージャーが決める」という決め方です。

また、インサイドセールスへの期待は常に変化するため、現在設定している目の前のKPIだけに集中せず、俯瞰的に組織を促えておくことが重要です。マーケティング部門や営業からの期待に応え、かつ士気の高いチームを維持し、常に改善と挑戦を実現するチームを作るために、ここは絶対に手を抜いてはいけない重要なポイントです。

私自身、新チームを社内で立ち上げる場合は多くの時間をビジョンの策定に投資します。そしてあくまでもファシリテーターに徹し、メンバー1人ひとりが自分の仕事を考え、議論しながら生み出すというこのプロセスにこそ意味があると考えています。

## 4 インサイドセールスの立ち上げで絶対にやってはいけないこと

これまで多くのインサイドセールスの立ち上げの話を伺い、支援させていただきましたが、その中で見えてきた絶対にやってはいけないことをご紹介します。

### 成果の出ていない営業を異動させる

インサイドセールス部門に成果の出ていない営業を異動させることは、心情としては理解できます。成果を出してきた営業を異動させることは売上を一時的に減少させることに直結するからです。ただ構造的には理解できません。

成果の出ていない経験の浅い営業でチームを作るとどうなるか。最適な商談がこないことに営業が腹を立て、営業が自分で商談獲得のための電話をし始めることで、インサイドセールスチームは自信と信頼を失って部門の解体につながることもあります。

反対に成果を出してきた営業は成約につながる理由を知っています。例えば「どの企業に、どのタイミングで、どのように商談をすると成約につながるのか」ということです。つまり成果を出してきた営業がインサイドセールス（SDR、BDR）として商談を供給したほうが、成約につながる確率の高い企業にベストなタイミングで、「こんな商談をしてください」というガイドのついた商談を生み出せる可能性が高まります。

また、「自分は売れていなかったので営業には要望できない」という心理的なハードルのせいで正しい牽制関係にならないこともありますので、もし営業経験の浅いメンバーを揃えてチームを組成する場合はそのあたりも考慮する必要があります。

## 管理職未経験者を抜擢する

抜擢人事には個人的には賛成です。ただ、インサイドセールスの管理職は難易度の高いマネジメントスキルが求められます。難しい役割と抜擢人事は非常に相性が悪く、組織崩壊を招きます。ではなぜインサイドセールスのマネージャーは難しいのか。3点に分けて解説していきます。

**1点目は数字。**マーケティングが取得したリードは数も種類も多く、そこに対応する人の係数がかかり、非常に複雑な計算が必要になります。ですから数字に強く、興味があり、数字の羅列する世界から課題を特定する能力が求められます。ほぼ毎日数字の確認と計算が続いていきますので計測体制を整え、オペレーションをそこに合わせて整備していく根気も必須です。数値管理や分析経験のない人をマネージャーにしてしまうと、予算が大雑把になり、課題も特定できず、オペレーションが一向に整理されないのでメンバーの負担が増え、結果的に成果の出ない組織ができあがります。

**2点目は部門間連携。**インサイドセールス（SDR、BDR）はその特性上、マーケティング、営業の各部門と常に折衝を繰り返します。マーケティングには「もっと質の良いリードが欲しい」「もっとリードを増やしてほしい」「新しいイベントを企画してほしい」といった要望を出すことになりますし、営業には「成約率が上がるように営業を育ててほしい」「商談のデータ更新頻度、速度を改善してほしい」「SDRにプレッシャーをかけてくる営業をどうにかしてほしい」といった要望を出すことがあります。これを新任マネージャーに任せるのは非常に荷が重いと思います。もちろん経験を詰めばできるようになると思いますし、立ち上げ時でなければ賛成です。しかし立ち上げ時にこの人事はおすすめしません。このマネージャーの折衝が1週間遅れればそれだけ組織は疲弊し、連携の負債がどんどん溜まっていきます。

逆におすすめなのは営業部門のマネージャー経験者です。営業部門のニーズがよくわかっているだけではなく、立ち上げ当初から営業部門と対等なコミュニケーション、折衝が可能になります。

**3点目は人。**すべての組織がそうですが、インサイドセールスはとくに人の要素が強く、高いマネジメントレベルが要求されます。マネジメントの基本はＷｉｌｌ、Ｃａｎ、Ｍｕｓｔの接続にあると考えています。その人のやりたいこと、やれること、今やらねばいけないことを1つに結びつけてテンションを高い状態にキープしつつ、新しいチャレンジで成長を促すことが重要です。ただし、これをＳＤＲに置き換えて考えてみると、Ｍｕｓｔは商談機会の創出ですが、Ｗｉｌｌが商談機会の創出という人はほとんどいないと思います。

もし営業であれば「採用支援を通して企業運営を革新する」「地方企業と自社製品を結びつけることで地方創生を実現する」といったＷｉｌｌに近い業務設定が可能になります。ですからインサイドセールスのマネージャーはより深くメンバーのＷｉｌｌに耳を傾け、将来目指したい姿と現状の業務を結びつけながら、一体それがどう寄与するのか、今はどこの階段を上っているのかを示す必要があります。

例えば「将来地元の沖縄に戻って起業したい」というメンバーがいたとします。そのメンバーに対しては「沖縄から全国の企業を相手にするのであれば、インサイドセールスの仕組みは絶対に不可欠です。今の能力で仕組みの構築、運用、仲間集めまでできると思いますか？　運用は良いレベルまできているけど構築と仲間集めはまだ初期レベル。この3か月は構築について学んでいきましょう。ではそのために〜」というようなコミュニケーションになります。

これは一例ですが、**ぜひメンバーの声に耳を傾けてＷｉｌｌとの接続を意識してください。**一方でメンバーの皆さんは、自分自身のＷｉｌｌがなにかをぜひ言語化してみましょう。

また、常にオフィス内で勤務しているのでどうしても運動不足を原因とした体調不良は発生しがちです。仕事の合間の休憩や、顔色を見ながら業務量を調整するなどの非常に細やかな支援が必要になってきます。

まとめると、インサイドセールスのマネージャーは数字に強く、集計や分析から課題を見つけるとともに最適なオペレーションを構築し、その事実をもとに毅然とした態度で他部門との折衝を行うことで組織全体の生産性を向上させ、人に寄り添った丁寧なコミュニケーションを通して人材育成と、強いチームを創生することが求められている、ということです。ですから新任マネージャーには難易度が高く、抜擢する場合には相応の支援が必要なのです。

## 5 ビズリーチ社での立ち上げ事例

ビズリーチ社では、２０１３年に現社長の多田洋祐が責任者となりインサイドセールス部門が立ち上がりました。実績を持つ営業、マーケティング経験者を集め、当時注目を集め始めていたセールスフォース・ドットコム社のTHE MODELをかなり早い段階から取り入れる意思決定をし、インサイドセールス部門は事業成長に大きく貢献しました。そして２０１６年2月にＴＶＣＭを開始した際にも全社の先頭に立って問い合わせ対応に奔走していました。

事業にも貢献していたインサイドセールス部門ですが、いくつかの課題が顕在化し始めていました。「リードの供給過多による生産性の低下」「商談定義が曖昧で明確に成果を測れていなかった」という構造的な問題、そして「インサイドセールス経験者が不在」という人の問題がありました。

２０１６年12月にビズリーチ社へ転職した私の最初のミッションは、インサイドセールス部門の再立ち上げでした。入社からしばらくは社内を観察し、様々なミーティングに出席しながら現状を把握して必要な準備に入りました。**私がインサイドセールスを立ち上げるときのフェーズゼロとして行うのは数字の整理、商談の定義、そして営業改革です。**どんなにインサイドセールスが商談を供給しても受注できなければ意味がありませんし、受注できなかったとしてもそれが価値のある商談だったのかどうかを判断できなければインサイドセールスの評価をすることができません。ここが曖昧なままに始めてしまうと修正が難しくなりますので、これから立ち上げを行う方は十分にご注意ください。入社からしばらくして、様々な人の協力を得ながら数字の整理、商談の定義、営業改革の目処がある程度つき、その段階でインサイドセールスの立ち上げに着手しました。それが2017年4月です。

## まずはビジョンを決める

部署の立ち上げメンバーは過去にリード対応経験があったメンバー数名で構成しようと思っていましたが、月間のリード数から必要人員数を割り出すと2名分不足していました。そこで他部署から異動してもらい、再編成したところでようやくスタートの準備が整いました。

ビズリーチのクレドカードの一部
（2017年当時）

そこで着手したのがビジョンの設定です。メンバーと何度も話し合い、決まったのが「Customer Makes Bizreach」でした。お客様が我々を作っている、いつもお客様を中心に考えていこうというメッセージを込めました。まずは最前線にいる我々が行動を変えていこう、お客様に求められる存在になろうと決めた言葉です。ロゴもこのためだけに社内のデザイナーに作ってもらいました。握手しているのはお客様とインサイドセールスで、翼は飛躍を意味しています。これを全員に配り、そのあとに入社したすべての方にも手渡しで配りました。

## 量に振り切る

いよいよ本格的な稼働となり、KPIや各種指標を定めにいくのですが、**まずは商談獲得数を最も重要な指標として走り始めました。**この時点で質にこだわっても良い結果にはなりません。理由は基となるデータが少なく、お客様のニーズや行動、商談化するために必要な条件などが不明瞭で、信じられる数字にはならないからです。

これは私の中の必勝法ですが、まずは量、主に商談獲得数に振り切って結果を出すことが、完成形に最も早く近づく方法です。この際、もちろんメンバーにも、営業にも「まずは商談獲得数を目標にするので理解してほしい。ただし、商談のフィードバックや指摘を積極的にしてほしい」と依頼してあったので「確度の低い商談がきている、インサイドセールスはなにをやっているんだ」という批判はありませんでした。そして数か月で約6倍の商談を提供することができるようになりました。

## 質に転化する

量に振り切ると営業の生産性が若干下がる可能性があります。これは商談としてふさわしくないものが一定数含まれてしまうためです。

①量の時期から質の時期への変化（イメージ図）

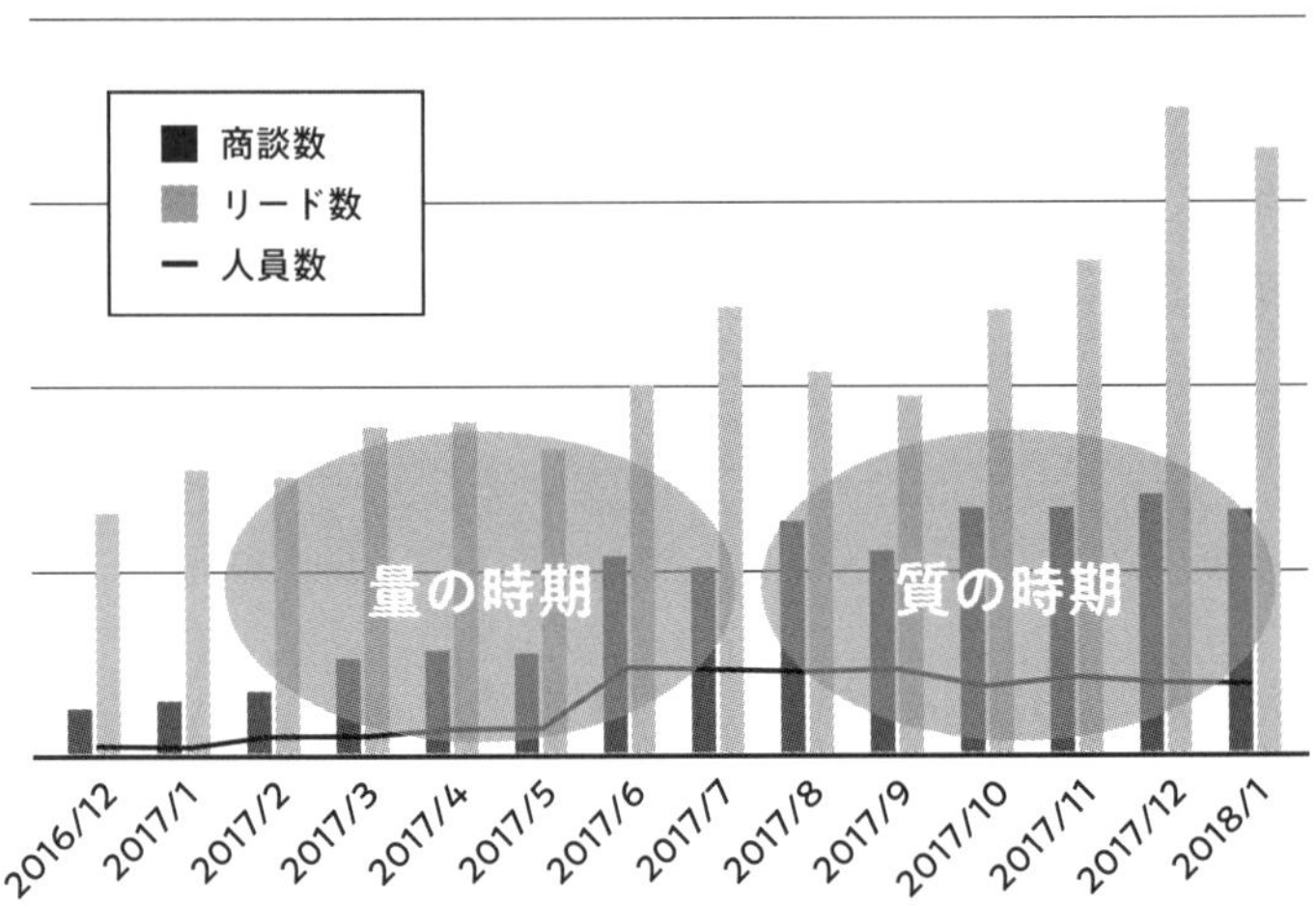


そこで次のステップは量から質への転換です。量に振り切ると「どのような条件ならば受注が見込めるのか」がデータとして詳細に浮かんできますので、それを商談獲得項目に反映します。こうすることで営業とお客様にとってより良い商談を的確に提供できるようになります。

①のグラフにある質の時期は商談数が増えていませんが、次のページの②のグラフを見ると中身の商談化率が上昇、③のグラフを見ると成約率を維持しているのがおわかりいただけると思います。つまり商談数自体は増えていませんが、成約件数は増加しています。このようにまずは量、そこから質へと注力していくのがシンプルですが最も効果的です。

② 商談化率の推移（イメージ図）

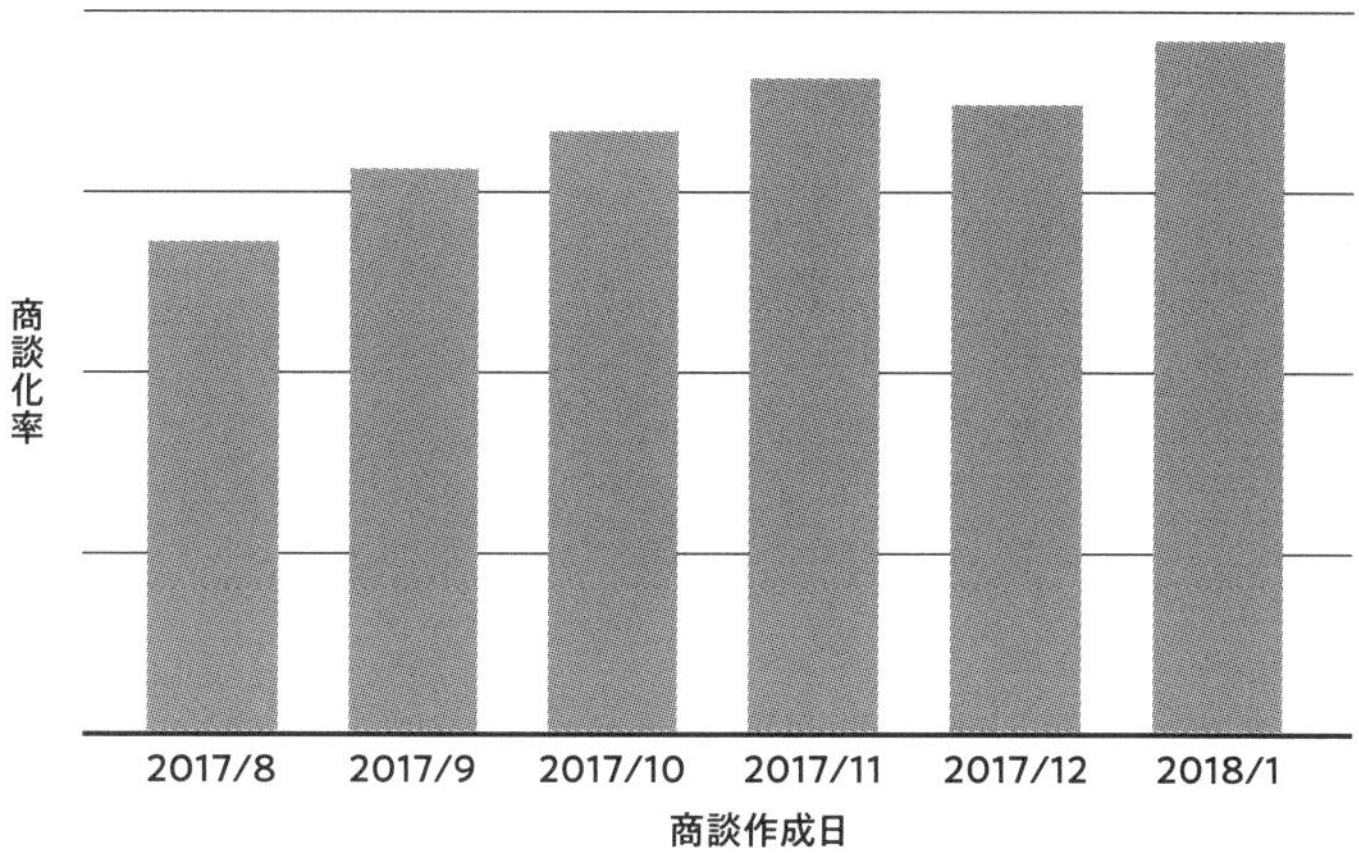


③ 成約率の推移（イメージ図）

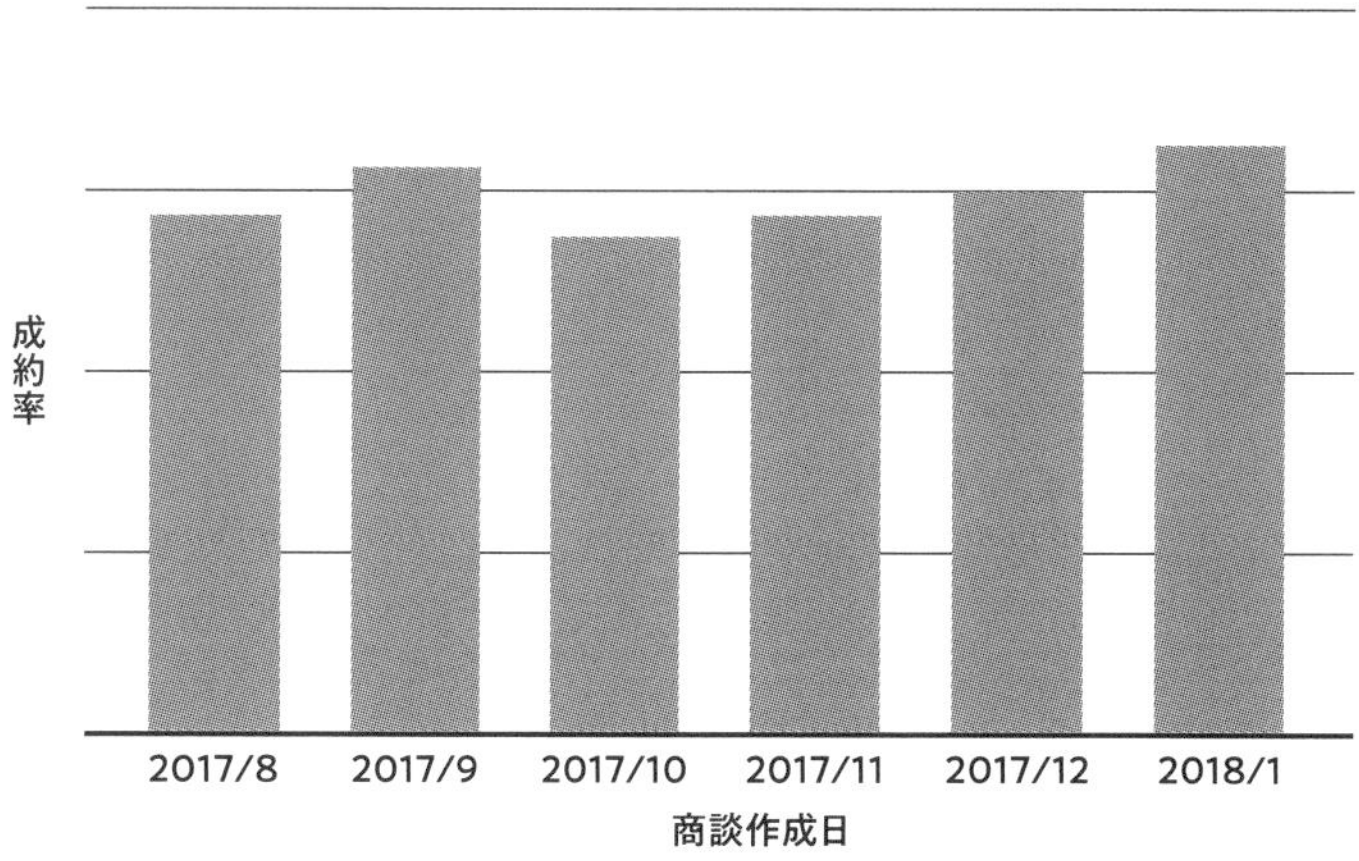

## 売上に注目する

インサイドセールスの最終的な目的はもちろん売上に貢献することです。いくら良い商談を提供しても、売上に貢献していなければただのコストセンターです。

**営業部門との打ち合わせは必ず売上を中心に議論します。**「商談数は約束通り提供している」といった会話はなにも生み出しません。とくに立ち上げ期ですから、商談数も必要なのですが、重要なのは営業部門の信頼できるパートナーになれるか否かです。商談を増やしていき、商談化率を上げていく。そこで受注率を一定に維持できるようになったらまた商談数を増やしていく。このサイクルを繰り返しながら組織と予算を拡大していきます。

そして、より良い関係を構築するためには健全な議論が必要不可欠です。営業1人ひとりに注目し、成約率の低下の原因になっていないか、商談の保有数が営業のキャパシティを超えていないかなど、営業の内部に踏み込んだ議論をインサイドセールス側からも持ちかけます。売上を阻害している要因がどこにあるのかを徹底的に議論し、最適な形を模索していくことが重要なポイントです。

## 1年間の結果

**1年後には商談数は約6倍、全体の売上に占めるインサイドセールスの関与割合も大きく伸長しました。**また、チームは大きく拡大し、そこから多くの優秀な人材を他部門へ輩出することもできました。しかしこれはインサイドセールスチームが努力した、ということだけではありません。マーケティングチームとの議論はときに夜遅くまで及ぶこともありましたし、営業部門とも日夜試行錯誤を繰り返しました。

そのような中で失敗も多く、たくさんの方に迷惑をおかけしたことも事実です。約束した数字を大きく下回ることもあり、その原因は予算策定における計算と見込みの甘さでした。組織の急拡大に私の能力が追いつかず、小さな計算のズレが積み重なり、想定を大幅に下回る結果となってしまいました。

例えば架電からの着電率、そして商談獲得率です。インサイドセールスの人員を急拡大したことでそれまでの転換率が崩れてしまったことに、私は気がつくことができませんでした。

本書にはこれまで学んだ多くのことを掲載したので、皆さんのこれからにご活用ください。

●スマートキャンプ社・阿部慎平氏に聞く

# 「インサイドセールスの立ち上げのポイント」

阿部慎平
スマートキャンプ株式会社
取締役COO

新卒でデロイトトーマツコンサルティングに入社。2017年3月にスマートキャンプに入社。経営企画室として事業戦略・人事戦略の策定・実行、またインサイドセールスコンサルティング・アウトソーシングサービス「BALES(ベイルズ)」の事業責任者として事業戦略の策定・実行を担当。2018年4月より取締役COOに就任。

インサイドセールス代行、コンサルティングを行うBALESの責任者としてこれまで150社以上の立ち上げ支援を行ってきた阿部慎平氏に立ち上げのポイントについてお話を伺いました。阿部氏は0から1への立ち上げだけではなく、1から10の拡大期の支援も経験されており、業種業態を問わない幅広い実績をお持ちです。

## 立ち上げ初期に意識すべきこと

インサイドセールスチームの立ち上げ初期にはまずはゴール設定を行います。このときになにを目的に、どんな数値を追いかけるのかを決定します。ここを曖昧にしてしまうと効果検証ができず、うまく立ち上げることができません。

また私は、成果を1つに絞ることも重要視しています。初期はとにかく1つのことに集中して成果を出し、そこで得た実績と信頼を使って次に進んでいく方法が私の中での王道です。

立ち上げ初期に集中して取り組むべきは、即効性がある失注商談の掘り起こしです。情報があり、かつ過去にコンタクト済みなのでコミュニケーションしやすく、タイミングが合えばすぐに成約につながります。

スタート時に追うべき数値はＫＰＩの行動量です。まずは達成しやすい数値にＫＰＩを設定していくほうがコントロールしやすいためです。架電数やメールの送信数は絶対に達成可能ですから、そこからリズムを作っていくことができます。

## 立ち上げに成功しやすい組織の特徴

営業側の理解がある会社は立ち上げがスムーズだと感じています。新しい取り組みを理解し、協力してくれる営業ですと良いフィードバックをもらえるので改善が早いですし、コミュニケーションに余計な時間を割かなくても済むので立ち上げに集中できます。また、私は立ち上げ時は専任者を配置すべきだと考えています。兼務ですとどうしても営業に偏りますし、ＫＰＩの未達に言い訳ができてしまいます。

ツール導入のタイミングですが、ＳＦＡ（Sales Force Automation：営業支援システム）などのツールはなるべくスタート時に導入すべきでしょう。エクセルやスプレッドシートでも管理はできますが、時系列で把握できませんし、なにより効率が悪く、成果が出にくいため、結局は立ち上げに失敗してしまいます。

成果が出るまでには、どうしても一定の期間が必要です。立ち上げを検討する方は、6か月間は我慢していただきたいです。文化が浸透して能動的な改善が始まるまではさらに2年ほどの時間がかかりますが、それでも立ち上げることができれば、事業を伸ばすための強力なエンジンとなります。

もしかすると「うちの業界は特殊で専門知識が必要だからインサイドセールスは難しい」という方もいらっしゃるかもしれません。ただ、それは知識が人に身について属人化することで事業成長を阻害しているという事実に他なりません。インサイドセールスの立ち上げを機に、成功モデルの分析や仕組み化に着手していきましょう。

第4章

# インサイドセールスの採用

インサイドセールスチームを立ち上げる際に最も重要で難易度が高いミッションが採用です。そして、この数年でインサイドセールスの採用市場は大きく変わりました。株式会社ビズリーチが運営する20代の転職サイト「キャリトレ」でインサイドセールスの求人数を調べたところ、2015年から2018年までに約18倍に増加しています。多くの企業がインサイドセールスチームを立ち上げており、人材獲得競争が激化しています。本章ではそんな環境下においてどのような人をどのように採用すべきなのか、そしてどのようなチームを目指していくべきなのかを解説していきます。

# 1 採用する人の分類と採用すべき人の優先順位

まずは採用する人を①設計者、②実行者、③管理者の役割に分類します。採用すべき優先順位も①から③の通りです。

## ①経験者を採用すべき「設計者」

設計者は最初に採用すべき人です。もちろん経験者が望ましいですが、その能力の見極めが非常に困難です。ここでは設計者をレベル分けしながら見極めるポイントを解説していきます。

- レベル1　部門の各種数値設計が可能（行動指標やＫＰＩ／ＫＧＩの設計ができる）
- レベル2　マーケティング部門、営業部門との合意形成ができる
- レベル3　発生する不具合に対して計画的に事前対処できる

レベル3まで実行できる方は限られていますが、この方が採用できれば立ち上げ初期は安心して任せることができます。インサイドセールス部門の立ち上げ経験がある方が増えてきている一方、高いレベルで設計者の役割を担える方は非常に限られているため「インサイドセールス部門の立ち上げ経験あり」と自己PRに記載のある方の見極めが極めて重要になります。詳しく解説していきます。

**レベル1の数値設計は最低限のスキルです**が、これはある程度の経験があればできてしまうので、表層的に面接で確認してもあまり意味はありません。

面接時の質問の失敗例に次のようなものがあります。

**面接官「どういった数値設計をして実行していたのですか？」**

**候補者「必要な受注数からの逆算です。受注数→商談数→着電数→架電数といった流れです。転換率さえわかれば受注に必要な行動量が割り出せます」**

**面接官「なるほど。ありがとうございます。（計画的に実行してくれそうだな！）」**

実はこの会話ではなにもわかりませんし、このようにうまくいくことはないのです。現状のチームに必要な人材が「主要な指標（目標値、KPIやKGIなど）が決まっ

マーケティング部門と営業部門との合意形成

[マーケティング部]

- リードの量と質、そして流入するタイミングの調整
- リードソース(どのチャネルから獲得したリードか)ごとの予想転換率と有効数
- リード獲得イベントや展示会出展の計画と人員配置
- CRMの設計、運用、改修における要望とスケジュール
- 各項目におけるリード獲得から受け渡し、架電までのオペレーション

[営業部]

- 営業戦略を受けて商談機会提供数の調整
- 商談化の条件(営業に商談を渡す際の条件)の定義
- 営業部門、インサイドセールス部門双方の個人ごとの転換率の確認と調整(成約率の悪い営業には有効商談の供給を止める、等の調整)
- 商談受け渡し時やリスケ時などのオペレーションの設計と責任範囲の明確化

ていて、その指標にコミットしてくれる管理者」なのであれば、問題ないかもしれません。ですがこれからチームを立ち上げるという人材であれば、経験とスキルが不足していると言えます。それはインサイドセールスという部門はマーケティング部門、そして営業部門との状況や予算に応じた連携と交渉が必要不可欠だからです。

**レベル2はマーケティング部門、営業部門との合意形成です。**マーケティング部門の獲得するリードの量や質について、営業部門とは提供する商談の量と質についての合意形成が必要となります。ここを間違うとインサイドセールス部内でどんなに精密なシミュレーションをし

ても意味がなくなってしまうのです。各部門と合意すべき項目について重要なものを右上の図にまとめました。

一見すると「電話をかけて商談機会を獲得して渡すだけ」のように見える業務ですが、記載しただけでもこれだけの細かい設計のうえに成り立っています。ですからこの経験があるのか、ないのかによってインサイドセールスチームの組織力が決まると言っても過言ではありません。ですから面接では各部門との合意形成の経験の有無を絶対に確認する必要があります。そのための質問例を次に挙げますので参考にしてください。


「対外部門との折衝経験はありますか？」

「それはどんな頻度でどんな目的のために行っていましたか？」

「象徴的なエピソードや交渉のテクニックがあれば教えてください」

「大きな失敗や最も苦労したポイントを教えてください」

「もし立ち上げ初日に戻れるならなにを変えますか？」


こういった質問をすることで候補者の経験やスキル、実行力を測ることが可能です。重要なのはイメージだけではなく、実際の経験の有無ですので面接官側も様々なシチュエーションを想定し、具体的な質問をする準備をしておいてください。

**レベル3は社内外を問わず2社以上の経験、もしくは3年以上インサイドセールス組織に携わったことがないと到達できないのではないかと思います。**インサイドセールスに限りませんが、組織の立ち上げには大小様々な問題が発生します。短期間で組織を立ち上げようとする場合「問題が発生してから対処するのではなく、問題が発生しない環境設計」が重要になります。また、いちメンバーからは見えないことも多く、組織の責任者として立ち上げを行ったのか、メンバーとしてそこに従事していたのかは、雲泥の差がありますので面接を通してしっかりと確認してください。

## もし失敗経験のない人がリーダーになったらどうなるか

ここで、レベル3まで到達していないリーダーが組織を立ち上げた場合に、実際に起こりうる問題について例を挙げてみます。架空の例ですが、例えば数字を上げるために行動量に目標をおいてマネジメントするとします。「これからは毎日必ず50架電以上はしてください」とメンバーに伝えて業務を開始するとどんな問題が発生するでしょうか。

答えは「CRMに虚偽の活動履歴を入力する可能性がある」です。強烈なマイクロマネジメントを行うと数字が意識の1番上にきますので必然的にそこを見て業務を行うようになります。具体的には業務終了の10分前まで40架電だったメンバーが、10分後の業務終了時には50架電を達成報告している、という状況です。これでは本来の成果を得ることは難しいですし、発見して指摘することでメンバーとマネージャー間の信頼関係が破綻し、雰囲気が悪くなるだけでなく退職者が出始めます。

本来は架電数を1日の中で定期的に確認し、リカバリーできる状態のうちにメンバーとコミュニケーションを取ってサポートすることが必要です。定期的に業務内容を確認し、ショートカットやメールテンプレートの確認、時間の使い方を一緒に見直すことで生産性を上げる支援をするなど、数字を見るだけではなく本質的な能力改善の支援が必要です。

こういった経験は実際に立ち上げを行い、多くの失敗を経て学ぶことが多くあります。次に、乗り越えてきた課題の数や質を見抜くための質問例を記載します。

「採用によって組織を拡大したときに起こる不具合にはどんなものがありますか？」
「リードが減少してきた場合、どんな打ち手で打開しますか？」

「メンバーの退職が発生するときはどんな原因が考えられますか?」
「これまでの失敗経験と内容、打開した方法を教えてくださいますか?」

このような質問への回答が具体的で体系化されていれば、立ち上げを任せた場合に同じ失敗をするリスクは低いとも言えますので、計画している組織や今後の計画を念頭に質問することを強く推奨します。失敗を経験していない設計者を採用するべきではないですし、もしその経験がない候補者を採用する場合は一定の割合で失敗することを前提としておき、かつその失敗に耐えられる人材かどうかを見極めてください。

## ②未経験者でも十分活躍できる「実行者」(SDR、BDR)

設計者の次に採用すべきは実行者です。実行者は経験者を採用できるのが最善ですが、未経験者でも十分活躍できますのであまり採用基準を上げすぎないように注意してください。当然経験者は給与も高く、競争率が高いため、採用難易度が上がります。

**経験者に求めるスキルや経験**

- 最低でも1年以上の経験
- CRMを使ったインサイドセールスの経験

- MAを使った経験
- 量を重ねて成果を出した経験（50アクション／日を平均して1か月以上続けた経験）

それでは1つずつ解説していきます。経験年数を1年以上としたのは理由があります。**それはオペレーション能力（CRMの利活用スキル、入力などの速度、各種情報の整理）が重要だからです。**インサイドセールスの経験が1年未満ではこれが高まる可能性が低く、即戦力として期待しづらいのです。

また、**CRMを使っていないインサイドセールスの経験はテレアポに近い**のではないかと思います。私はテレアポとインサイドセールスの違いを「フロー型とストック型の違い」と定義しています。テレアポはフロー型で「架電リストの上から順にただ電話してリストを消化（フロー）しているだけで情報が蓄積されない状態で、顧客との信頼関係も毀損（フロー）しているもの」であり、インサイドセールスは「コミュニケーションの履歴を蓄積（ストック）することによって最適なタイミングで最適な情報を届け、お客様との信頼関係を構築（ストック）することを目的としている」と定義しています。

ですからCRMの経験がないインサイドセールスの場合、詳しく業務内容をヒアリングし、フロー型ではないことを確認する必要があります。こういったマインド部分を入社後に修正していくのはかなりの難易度ですので注意が必要です。

**MAの使用経験は必須項目とまでは言いませんが、ぜひとも欲しい経験です。**これからのインサイドセールスにとってMAは必須のツールとなっていきます。それはWebの行動履歴、メールや資料の閲覧状況がお客様との関係性の構築に役立つのはもちろん、インサイドセールス自身がMAを活用し、自身のリードナーチャリング（興味を喚起するためのアクション）をマーケティング部門ではなく自身で実行していくことが必要とされるからです。理由はとてもシンプルで「お客様の状態を一番把握しているのは担当のインサイドセールスだから」です。これまではツールの問題やインサイドセールス自身のリテラシーが課題となり実現しませんでしたが、先進的な組織ではすでにそういった取り組みが始まっています。

そして最後に1日のアクション数についてです。**よく「優秀なインサイドセールスの条件を教えてください」と聞かれますが「量を重ねて成果を出せる人」と回答しています。**CRMなどの複雑なオペレーションを実行しながら日々リストを整備し、お客様との関係性が切れないような準備とアクションを毎日一定量実行できる人は、オペレーションが洗練されているからです。まさに優秀なインサイドセールスの基礎的な要素がここに詰まっています。また、このような動きができる方は量を抑えて質に振ることもできますが、質にこだわる方が量を増やすことは非常に難しいです。ですから面接でも「量と質はどちらが重要ですか？」と聞くこともあります。

次は未経験者に求めるスキルや経験です。インサイドセールスは未経験でも十分に活躍できますが、採用において見極めは非常に難しいのも事実です。そこで私がこれまでに意識してきたポイント、活躍した方に共通するポイントを解説していきますのでぜひ採用の参考にしてください。

**未経験者に求めるスキルや経験**

- 高額商材を扱っていた経験
- 接客接遇にこだわる業界のビジネス経験
- 圧倒的な量で勝負してきた経験
- 論理的思考力がある
- 他責傾向がない
- 大手担当のＢＤＲについては大手企業での就業経験

**高額商材や接客接遇の経験を重要視するのはインサイドセールスにとって重要なヒアリング能力が備わっているからです。**高額商材はお客様のニーズに合わせて提案する形が基本であり、場合によってはオーダーメイドでの提供となり、よりお客様のニーズを把握する必要が出てきます。接客接遇の代表例はホテル業ですが、お客様の感情や言葉の向こう側にある真意を読み取り、今提供すべき価値はなにか、ということを自問自答できます。

そこに営業的なスキルが加わった代表的な例がブライダル業界です。商品が非常に高額であり、ステークホルダーが複数存在し、検討期間が長期化することも普通ですし、基本的に競合が存在します。おわかりの通りこれはBtoBの営業と酷似していますす。そして一生に一度という責任感のある仕事でプレッシャーも多く、その経験を数多くされています。**もし未経験者でインサイドセールスチームを構成することを検討されているのであればブライダル業界の方は非常におすすめです。**

もう1点はやはり量をこなした経験です。電話でも訪問でも接客でも良いのですが、とにかく量をこなしてスキルアップを図る、そこから正解を導き出すという経験があった方はとにかく立ち上がりが早く、勝ち筋を見つける能力も優れていますのでそれだけでも活躍する可能性が高くなります。

## 実行者に向いている職業5選

SDRに向いているのは?

- ブライダル業界の方
- 広告や人材などの媒体営業

- ブライダル業界は商品が高額であり、商談期間が長く、競合が存在する、キーパーソンの見極めや踏み込んだヒアリングが必要で、ニーズの顕在化に長けており行動量も担保できる
- 広告や人材などの媒体営業は、量をこなすための効率的な方法を知っており、インサイドセールスと相性が良い。また目標達成にとくにこだわりが強く、自走できる方が非常に多い

BDRに向いているのは?

- 大手IT関連企業出身者
- 大手金融機関出身者

- 大手IT関連企業出身者は、ITのバックグラウンドがあるためITリテラシーが高く、製品理解が早いことに加えて大手企業の仕組みやお作法を理解しており、大手開拓のBDRとして即戦力となる
- 大手向けBDRは多くの企業のIR情報を読むことになるが、大手金融機関出身者は、その知識補完のためのトレーニングがほぼ不要。IRを読み解いた内容でのアプローチは非常に有効

Online Salesに向いているのは?

- 営業未経験者

- 意外と思われるかもしれないが、職種や職能ではないが営業未経験者を推奨したい。理由は「オンラインセールスでは売れないのでは?」という疑念がないためだ。訪問営業での経験や成功体験があるとどうしてもオンライン商談で踏み込みきれない、訪問に切り替えようとするといったことが散見される。しかし営業未経験者であればそのバイアスがないために成果を出しやすいという傾向がある

前ページの図でSDR、BDR、Online Salesとして向いている職業や経験を紹介していますので採用の参考にしてみてください。

**次は経験ではなく保有能力ですが、論理的思考力は非常に重要です。**常に多くのデータを扱いながら最適解を導いていく仕事なので数字に弱く、思考の体力がないというのは致命的です。面接時のポイントはコミュニケーション能力が高い方と論理的思考力が高い方を見極めることです。

そのために必要なのが「抽象的な質問と具体的な質問を交互に繰り返しながら思考力を見極める」ことです。次に質問例を記載しますのでぜひ面接に役立ててください。

**抽象「売れる営業ってどんな営業ですか?」**
**具体「ではKPIをクリアする方法を教えてください」**
**抽象「素晴らしいマネージャーとはどんな人物ですか?」**
**具体「自身が管理職になったらどのようにKPIを設計しますか?」**

このように抽象と具体を交互に質問することで質問の意図や目的を理解できるか、それを繰り返し思考して回答できる思考の体力があるか、といった内容を確認することができます。回答が抽象的すぎる場合やまとめることができない場合は、論理的思考力や言語化する能力が低いことが想定されます。

また、「理想のマネージャー像」を質問する副次的な効果として、その方が受けたビジネス人生での教育レベルを確認することができます。とくに若年層の場合、素晴らしいマネージャー像を聞くと自身の周囲や上司を思い浮かべます。そこで出てきた内容が素晴らしければ素晴らしい教育を、もし出てこない場合は残念ながら良い教育を施されていない可能性があります。このような質問を通じて、採用の基準だけでなく、入社後の育成やチーム構成の参考にしてください。

### ③組織拡大後に採用すべき「管理者」（SDR、BDR）

管理者、つまりインサイドセールスマネージャーです。この役割の採用は最後で問題ありません。**実際には立ち上げを任された設計者が管理者も兼務することがほとんど**ですので、新しい管理者の採用は組織の拡大後になります。

ただしインサイドセールスマネージャーの経験者は絶対数が少ないので採用には苦労します。そこでインサイドセールスのプレイヤーを採用と同時にマネージャーに抜擢するという話を外部で耳にしますが、私はおすすめしません。理由はインサイド

[インサイドセールスマネージャーに求められること]

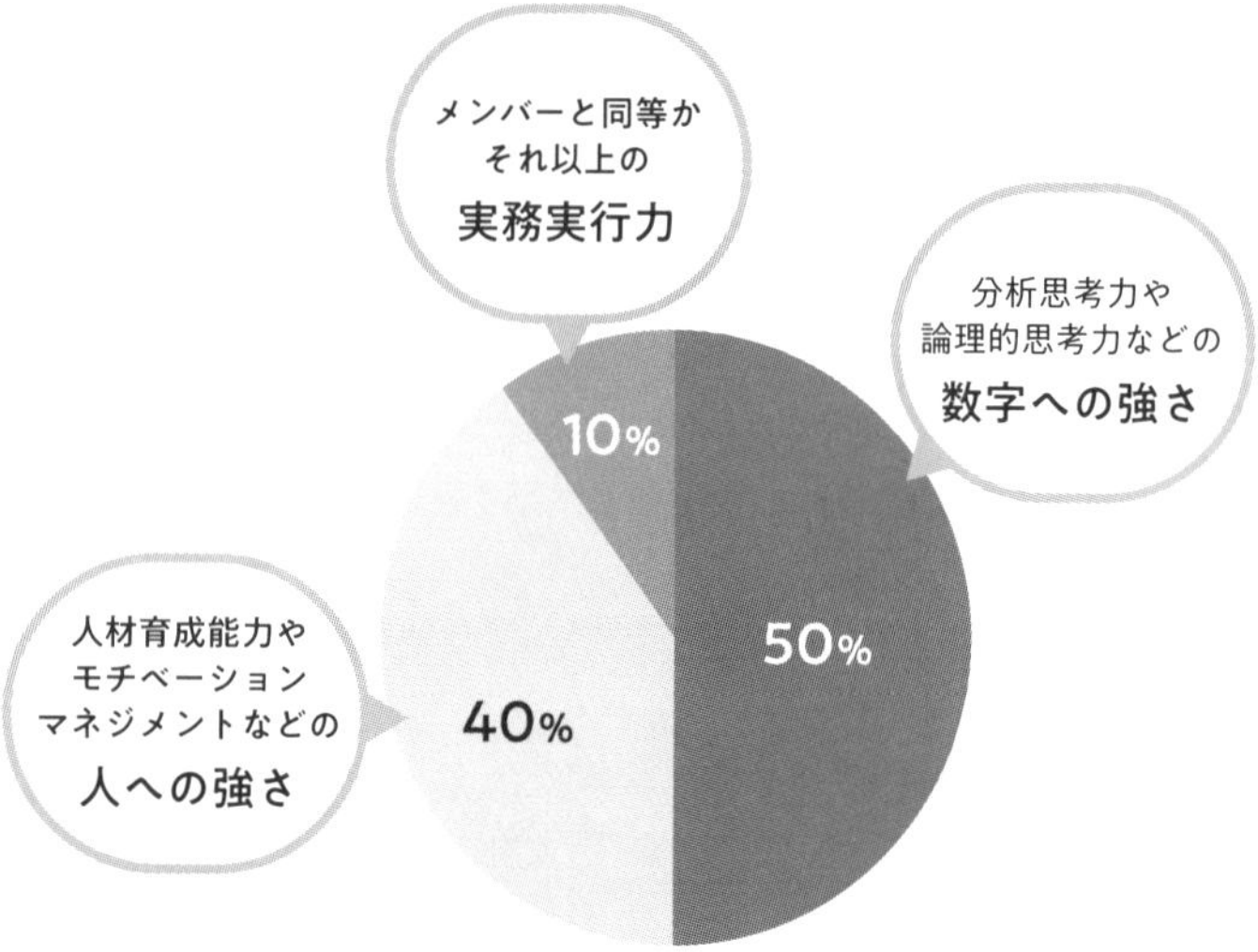


[インサイドセールスマネージャーの対象となる人物像]

実行力が優れている
よりも思考力が
優れているタイプ

いずれかの職能での
マネージャー経験
[可能であれば目標設定と
給与査定の経験]

自身の手で各種数値の
分析や算出が
できるタイプ

社内表彰での
推薦や表彰制度の
設計経験

セールスマネージャーに必要な能力の中でも人材育成や支援、目標設定やモチベーションマネジメントなどのピープルマネジメント能力が重要だからです。

ＳＤＲやＢＤＲのインサイドセールスマネージャーは営業部門のように商談に同席する、代わりに商談を進めるといったことはありませんので、実務実行力はそこまで求められません。代わりに膨大な数字を分析し、課題を発見する能力や精度の高い予算設計などの数字への強さが求められます。

また、インサイドセールスは行動量から成果までの転換率が計算しやすく、行動量がそのまま成果につながる可能性が高い業務です。つまり、人の力がダイレクトに成果に結びつくために、教育や支援の能力が重要となります。また、外出が少なく移動時間での息抜きができず、基本的にデスクで仕事をしているためストレスが溜まりやすいうえに、吐き出しにくいという特徴があります。そしてＰＤＣＡサイクルが早いということは同じ業務を繰り返し行うことも多く、自身のキャリアへの不安、自身の成長や能力開発への不安が高まりやすい方もいます。

ですから**インサイドセールスマネージャーには個人のＷｉｌｌ（目標ややりたいこと）と実務を結びつける力、そして成長を言語化して伝える能力が必要になります。**これは目標設定や給与査定の経験が大きく影響しますので、マネージャー経験のないプレイヤーを転職のタイミングで抜擢することを私はおすすめしていません。次に、優れたインサイドセールスマネージャーを見極めるための質問例を記載します。

「現在の実務における課題の抽出や特定のプロセスを教えてください」
「普段から見ている指標とその目的を教えてください」
「目標設定や給与査定のプロセスを教えてください」
「直近の月次単位での振り返りや四半期戦略について教えてください」

とくにインサイドセールスマネージャーは行動指標（架電数やメール送信数）、中間指標（商談機会獲得数）、成果指標（商談化数や成約数）などを日次で管理しながら前後の部門と折衝を繰り返す非常に難しいポジションです。

メンバーが目の前にいることやすべての行動が数値化されていることで育成環境としては良い環境が用意されています。しかしその分人の育成や心情、チームの雰囲気などで成果が変わりやすいという特性があります。

ですから組織拡大時に誰を管理者としておくかは非常に重要なポイントなのです。

# 2 チームの構成バランスを考える

インサイドセールスは人が重要です、と何度もお伝えしてきました。もちろん優秀な人材を集めることで強力なチームが完成しますが、チームにはバランスが必要です。

私も多くの失敗を繰り返しながらチームを運営してきました。試行錯誤を繰り返しながらたどり着いた答え、そのヒントになったのは2014年に参加した世界各国のインサイドセールスマネージャーが集まるオフサイトミーティングでした。複数の国の参加者を混ぜて1つのチームを作り、そこでテーマに対して議論を深めていきます。そのときのテーマは「良いチームの条件とは？」というもので、アメリカから参加した方が言ったことを鮮明に覚えています。

**「私はバランスを大切にしています。数字をたくさん作ってくれるメンバーがい**

れば安心と見えるかもしれないけれど実は危険なチームができあがってしまう。過去に相互に尊敬したり称賛したりすることはなく、成功事例の共有もまったく発生しない、そんなチームができあがってしまった。その後は目標達成が難しくなっていき、退職も多発した。だから今はカルチャービルダーという役割を意識しています」

私はこの考え方に触れることで初めてチームのバランスを意識するようになりました。それからはチームをいくつかに分け、実際に役割をメンバーに与え、時には必要な人材を採用するなどしながら自分なりの答えにたどり着きました。**ここでは私が考え、実践してきたチームに必要な3つの役割とそのバランスについて紹介します。**

## ユニコーン

ユニコーンは言い換えるとリーダーです。リーダーはパフォーマーに比べて出力、つまり生み出す成果は劣りますが、チームを引っ張る存在です。成果を最大化するために必要な環境整備や施策の立案などを担います。

リーダーシップを発揮できる人は限られているので割合が少ない、ということではなく、リーダーが多く存在するとチームが混乱してしまうので、**リーダー格のメンバーは10%程度に抑える**ことが重要です。なぜリーダーではなくユニコーンと呼ぶか、それはインサイドセールスという役割に大きく関係します。SDRとBDRは、例えば活動履歴を適当に残すことが可能ですし、受注見込みの低い商談を営業に渡すこともできます。つまり手を抜こうと思えばある程度できてしまうのです。インサイドセールスの組織に必要なのは「自浄作用」。つまり自分で自分を律し、間違った行いを正す必要があるのです。ユニコーンの角には水を清める効果があると言われています。ですからインサイドセールスチームのリーダーには強い自浄作用、チームを内部から改善することを期待してユニコーンと名付けています。

## パフォーマー

これは成果を最大化する役割で最も人手が必要です。ユニコーンに比べて周囲を巻き込む力、統率力は劣りますが、成果を出すことについてはリーダーを圧倒します。時に成果を追求するあまりにルールを逸脱することや、情報管理が疎かになることがありますが、最低限の指導に抑えてください。**パフォーマーの持ち味は圧倒**

**的な成果です。**パフォーマーとのコミュニケーションは成果を最大化するためにどうするか、なにが必要かということを中心にすることで円滑に進みます。もちろん逸脱した場合は指導が必要ですが、最低限にとどめることで長所である成果を損なわないように気をつけています。

## カルチャービルダー

聞き慣れない名前だと思いますが、私はかなり重要視しています。カルチャービルダーの成果は他の方に比べて劣りますが、部門内のカルチャーを維持するためにルールを守り、逸脱したメンバーを指摘し、オペレーションの不具合を発見・修正し、イベントにも積極的に協力してくれる必要不可欠な役割です。成果で評価することは正しいので、カルチャービルダーがパフォーマーより高い評価になることは基本的にはありません。

しかし、見えないところでチームのために活躍してくれている縁の下の力持ち的な存在に対する感謝、そして具体的な貢献内容を全体に示すことが必要です。具体的な人格でいうと**「人を助けることが好きなホスピタリティタイプ」**や**「ルールを守ることを正とする几帳面なタイプ」**が該当します。

現在、組織長をしている方はぜひチーム内を見回してください。順調に成果を上げている組織であればきっと誰かがこの役割を担ってくれています。そしてその人に対する感謝をしっかりと伝えてあげてください。

逆に成果が出ずに悩んでいるインサイドセールスの方は、自身がカルチャービルダーのような役割を担っているのでは、と考えてみてください。成果が出ていないのは辛いと思いますが、自信と誇りを忘れずにいてください。

インサイドセールスメンバーの役割と理想的な構成バランス

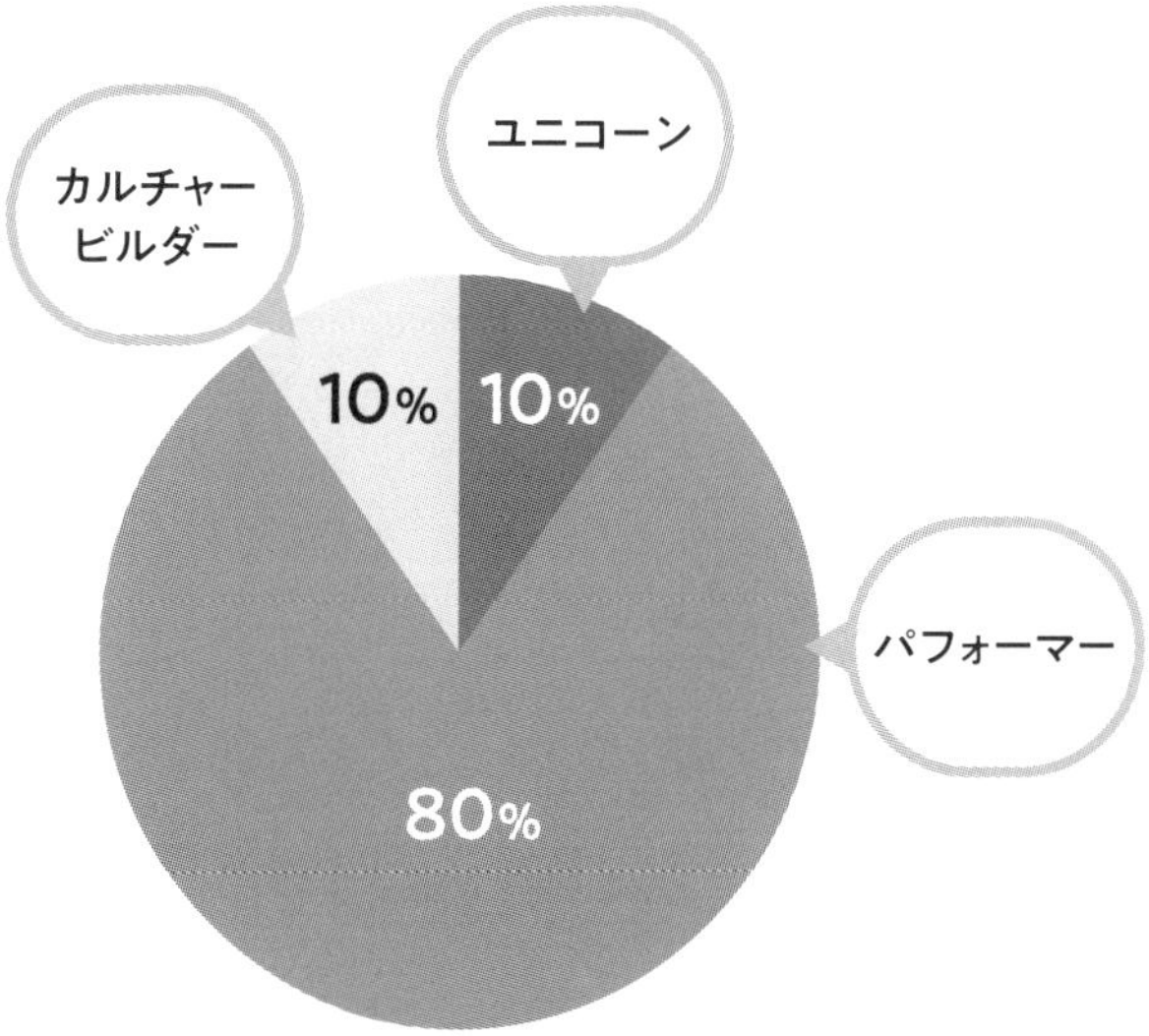

## 3 採用してはいけない人の特徴と見抜き方（ＳＤＲ、ＢＤＲ）

ここまでは採用すべき人の特徴や優先順位についてご説明してきました。ここからは採用してはいけない人、そしてその見抜き方をご紹介します。少し過度な言い方かもしれませんがその人を否定しているわけではなく、インサイドセールスという仕事の構造上の問題からくるものです。

### 他責傾向のある人物には不向き

インサイドセールスの仕事の特徴は「マーケティングとセールスの橋渡し役」であり、「チームで情報を共有することでＰＤＣＡのサイクルを早める」という特徴があります。こういった特徴において最も適合しないのが「他責傾向のある」人物です。

具体的には「リードが少ない」「リードの質が悪い」「リードが入ってくるタイミングが悪い」といったマーケティング部門への言及や、「営業が売ってこない」「営業の対応が悪いせいでクレームに発展した」などの営業に対する苦言を呈する方がいます。

もちろん計画からズレれば部門としても困りますし、営業の成約率が低ければインサイドセールス部門としても厳しい評価をされることになります。しかしこういった言動を繰り返す方の多くが成果を上げられていません。

本来は能力が高く、うまく順応して改善していけば成果を出すことができるはずの人でも、1つのきっかけでネガティブになり、改善の手を止めてしまうことがあります。インサイドセールスはそういった感情を持ってしまいやすい仕事なのです。

## 採用時の見極め方

採用時にはこの「他責傾向」の見極めが非常に重要になってきます。次ページの図に面接の質問例を記載しますので、ぜひ面接や面談で試してみてください。

すでにおわかりかとは思いますが、①と②には他責傾向があります。常に言い訳を外部環境の中に探しているタイプであり、こういったタイプの方は高い確率で「リー

## 問答例

**面接官**：あなたは同期、またはチームの中で何番目の成績ですか？

**候補者**：同期は50名いますが、私は全体の2位です

**面接官**：素晴らしい成績ですね。
1位の方とあなたの差はなんだと思いますか？

**候補者**

**回答①** テリトリーの違いです。
彼は港区、私は文京区ですから彼のエリアは……

**回答②** 商材の違いですね。単価が違います。
彼と私の単価には2倍もの差が……

**回答③** 人を巻き込む力ですね。彼は先輩やいろいろな方にとても助けられています。私はそこが苦手でどうしても1人で解決しようとしてしまうので、そこが大きな差になっていると思います

ドが悪い」「営業が悪い」と言い出します。

　本来であれば同期の中でもトップクラスの成果を出すような素晴らしい人材ですが、ここを見誤ってはいけません。経歴や実績によってかかっているバイアスを外し、本質的な人間性とそこに至るプロセスを分解し、事実をヒアリングすることによって見極めていきます。

　次の節で面接を有効に進めるための手立てを説明していきます。

# 4 面接を有効に進めるためのコンピテンシー面接

コンピテンシー面接という言葉を聞いたことがある方は少ないのではないでしょうか。一言で言うと「自社で活躍する人材の行動特性を面接の中で見極める手法」です。短い面接の中で相手の本来のスキルや行動特性を見極めていくために、より具体的に次のように質問をしていきます。

面接官「ではあなたが実行したチームの改革について教えてください」
候補者「私はまずチームの状況把握を行い、業務の属人化が課題だと特定しました」
面接官「チームの状況把握においてはまずなにから着手したのですか？」
候補者「1人ひとりにヒアリングをしました」
面接官「どのようにヒアリングしたのですか？」
候補者「直接声をかけて5分ほど話しました」

## 面接官「5分の話の中で属人化している、と感じたのですか？」

このように具体的に質問を掘り下げていきます。その人の経歴や内容に惑わされることなく、事実と行動を掘り下げていくのです。

今回のパターンでいくと会話の当初はマネージャー候補としてかなり期待の高まりそうな「チームの改革」や「属人化が課題」という言葉が出てきます。これをそのまま鵜呑みにして進めてはいけません。そこから例題のように具体的に進めていくと、本当にその方が取った行動、そしてその行動特性を見抜くことが可能になります。

ここまでのポイントのまとめと面接の目線を揃えるためにコンピテンシー評価を示したものを次ページに記載しますのでぜひ参考にしてみてください。

## コンピテンシー面接による候補者の見極め方

[コンピテンシー面接のポイント]

- より具体的な内容を引き出すこと
- プロセスや行動に注目すること
- 候補者の発言や内容でフィルタリングしないこと

[コンピテンシーレベルとその内容]

| | |
|---|---|
| レベル1 | 受動行動：部分的、断片的な行動が多く見られる |
| レベル2 | 通常行動：やるべきことをやるべきときにやった行動 |
| レベル3 | 能動行動：明確な意図や判断に基づく行動、明確な理由のもとに選択した行動 |
| レベル4 | 創造行動：独自の創意工夫、独創的行動、状況の打破や変化を求める行動 |
| レベル5 | パラダイム転換行動：周囲にとっても意味ある、新たな状況を作り出す行動 |

アマゾンジャパン合同会社・
鐸木恵一郎氏に聞く

# 「インサイドセールスの採用」

鐸木恵一郎
アマゾンジャパン合同会社
アマゾンビジネス事業本部
シニアマネージャー

2017年6月、アマゾンジャパン入社。以来、アマゾンビジネス事業本部にて法人営業部門を統括。アマゾンジャパン入社前は、グーグル社にてオンライン広告・メディア、クラウドサービスの営業管理職に従事、それ以前はセールスフォース・ドットコム(SFDC)、SAPにてインサイドセールスのマネジメント職を担当。

ＥＣサイト大手のアマゾンジャパン社が提供する法人・個人事業主向けのＥコマース事業「アマゾンビジネス」において、インサイドセールスを含むセールス部門の責任者を務める鐸木恵一郎氏に採用についてのお話を伺いました。鐸木氏はＳＡＰ、ＳＦＤＣとインサイドセールス部門の責任者を歴任し、グーグル社を経て２０１７年にアマゾンジャパンへ入社され、これまでのインサイドセールスの採用者数は１００名を超えます。

## 採用はジョブフィットよりもカルチャーフィット

インサイドセールスの採用においては、これまでの経験で採用候補者数を制限しないということが大切です。

普通に考えると同業種、同業界出身の即戦力を採用したくなるかもしれません。即戦力を求める気持ちは私も同じですが、ジョブフィットよりもカルチャーフィットを重要視したほうが組織力が高まります。短期的に見ればジョブフィット、つまり経験者の方のほうが成果を出すまでの速度は早いです。しかし、変化の激しい時代に柔軟に対応していくにはカルチャーフィット、つまり会社の方向性にフィットする方を採用するほうが変化に強く、長期的な組織づくりという観点で重要になってきます。他業種を含めた未経験者の採用を敬遠する企業もあるかもしれませんが、インサイドセールスは学習と成長のサイクルが他部門に比べて早い傾向にあるため、むしろ未経験者を積極的に採用できる環境があります。

中でも他業種からの採用には、多様性を担保することでイノベーションを活性化できるというメリットがあります。様々な考え方、これまでの経験が合わさることで業務改善につながったり、新たな施策を生み出したりすることにつながります。また、そういった環境によって他者から学び、尊重する文化が形成されることでチームに心理的安心感が醸成され、議論や挑戦も活発になっていきます。人材の多様性はアマゾン全社としても、とても大切にしています。

## 近年の採用の変化

私がインサイドセールスに関わり始めて10年以上経ちます。採用視点で市場の変化を見たとき、採用のハードルが圧倒的に下がったと感じています。以前はインサイドセールスと言えば営業の補佐的な役割、もしくはただのテレアポという印象が強く、入社オファーでも苦労したことを覚えています。それが近年では認知も広がり、むしろインサイドセールスを希望して応募してくる方もいます。これは本当に大きな変化だと思います。

インサイドセールスにかかわらず、昨今では人材を獲得することが難しくなっていますが、業界問わず優秀な方はたくさんいます。とくに、今後の伸びしろに期待ができる若い世代を自社に迎え入れるポジションとしてインサイドセールスは最適だと考えています。

もちろん、即戦力の採用にも力を入れる必要があります。未経験者だけでは組織力として十分とは言い難い部分もあるので、一定割合は外部からの即戦力採用で組織形成するべきだと思っていますし、近年はその対象になる方が増えてきています。

インサイドセールスという言葉が広く認知されてきましたが、まだまだニッチな領域だと思います。一方で、企業にとっては必要不可欠な役割になりつつあります。だからこそ私たちインサイドセールスに関わる1人ひとりがそれを自覚し、満足度の高い顧客体験を生み出し続ける必要があると考えています。

第5章

# 成約率を高めるインサイドセールスのKPI

インサイドセールスは従来の営業活動に比べて分析、改善がしやすく、その成果を最大化することが可能です。「感覚」やアバウトな「数値の把握」によって運営されてきた組織をデータドリブン型組織（データをもとに行動の意思決定をしていく組織）に変革していく必要があります。本章では一般的な例を用いてデータ整備やインサイドセールス運営におけるKPIを紹介します。

# 1

# 準備①有効リードの定義を決める

商談獲得率が下がった場合、今までは「架電からの商談獲得率が低いのでロールプレイング（社内でお客様役とインサイドセールス役に扮して行う会話のトレーニング）を実施して商談獲得率を高めよう」といった改善をする傾向にありました。しかし、この改善案が悪手である可能性もあります。例えば架電数だけではなく着電数を可視化することで「架電回数は多いが、着電数が少なく、着電からの商談獲得率は平均的」という数値が見えてくることがあります。そうすれば、課題が「着電率を高めること」だと簡単に推測することができます。

**このように、インサイドセールスはデータドリブンでマネジメントする必要があります。**

マーケティング部門が獲得するリードにも複数の種類があり、すぐに成約につながるものから興味本位の情報収集まで様々なものが混在しています。また、既存のお客様からもリードは入ってきますので、もしクロスセル（A商品を使っているお客様にB商品を販売すること）やアップセル（A商品を使っているお客様にA商品の上位モデルを販売すること）などがインサイドセールスのミッションや評価指標に盛り込まれていない場合、いくらこのリードが増えたところでインサイドセールスの成果にはならず、その成果を正しく評価することはできません。

こういったものを切り分けずにリード全体を1つのデータとして管理すると多くの問題が発生します。そうならないためにも「評価を判断する母数」つまり「有効リード」の定義を決めておく必要があります。

基本ルールとしてはデータとして認められない欠損したもの（例：存在しない社名）や個人の興味などを除外しますが、ターゲット外のリードは各社様々です。既存のお客様は、アップセルやクロスセルの可能性がありますのでカウントしますが、新規のお客様のリードとは目標値を分けて計測できるようにしておきます。まずは社内で有効リードについて議論し、同じ認識で定義を作りましょう。

次ページの図で複数の例を挙げ、一般的によく設定する有効リードの定義をご紹介します。**まず基本ルールですがデータに欠損があるリードと、学生のリードを除外し**

## 一般的な有効リード設計の例

[基本ルール]

- A データに欠損（社名や連絡先が正しくない）のあるリードを除外するか
- B 学生の勉強目的や企業に属していない個人からのリードを除外するか
- C ターゲット企業以外（企業規模、業種業態など）のリードを除外するか

[既存のお客様からのリード]

- D 既存のお客様からのリードを除外するか
- E Dのうち、新商品の紹介やセミナーはカウントするか
- F Dのうち、既契約製品の問い合わせやセミナーは除外するか

[温度感や確度の低いリード]

- G ホワイトペーパーなどの見込みの低いリードを除外するか
- H 展示会で獲得した名刺やリードを除外するか
- I Hのうち、高位役職者などはカウントするか

[アクション後の判断]

- J 所定回数のアクションを実行したが着電や返信がない場合は除外するか
- K 誤登録であると判明した場合は除外するか
- L 検討や導入に関係ない部門や役割であると判明した場合は除外するか

**ます。**ターゲット外の企業リードについては条件が定量的（売上や従業員数、業種業態など）な場合は除外。定性的（「検討の温度感が高い」や「日々の業務で困りごとが発生している」など）で判断が個人によって分かれる可能性があるものは有効リードとしてカウントします。ターゲット外の企業リードは基本的に明確にすべきポイントですが、自社サービスがリリースから間もない場合や、創業期などはPMF（Product Market Fit：企業が提供するサービスが市場のニーズと合致している状態）していない状態のためターゲット自体が固まっていませんし、予想外の受注をすることがあります。こういった時期はリードの対象を広げてインサイドセールスがアプローチするため、必然的に有効リードとしてカウントすることになります。また、インサイドセールス自体の立ち上げ期にも企業単位でのターゲティングをあまり細かく設定せず、まずは対象を広げて認知向上やデータ収集のためにも有効リードとして設定すべきです。

**次に既存のお客様からのリードについてです。**基本的には営業担当とサポート部門で対応するほうが効率的で、お客様にとっても登場人物が少ないほうがコミュニケーションは円滑になるため、有効リードからは除外するというルールを設定します。しかし「クロスセルやアップセルが発生しやすい商材」の場合は有効リードとしてカウントし、インサイドセールスが対応することもあります。また、大手企業担当チームの場合は他事業、他部門への横展開や子会社の設立、キーパーソンの出向などが想定されますので基本的にリードはすべてインサイドセールスが対応するといったケースがよく見られます。その場合にはリードが膨大になり、リードからの商談獲得率が著しく低くなる可能性がありますが、そういった場合にはインサイドセールスの評価項目から「商談獲得率」を除外することで不利益を被らないように設計してください。

**温度感や確度の低いリードについては一部を除いてカウントするということが最適だと考えています。**なぜならばこの温度感の低いリードこそがインサイドセールスの介在価値を発揮する場面だからです。インサイドセールスにとって重要なのはターゲットとなる企業の商談をどれだけ営業に渡せたか、ということです。「温度感が高い×ターゲット」はもちろんですが、「温度感が低い×ターゲット」こそが最も成果を出すべきリードなのです。逆にいくら温度感が高くてもターゲット外の商談を渡すことは営業の生産性を下げることにつながりますのでご注意ください。そしてデータ上はリードソース（問い合わせ経路やコンテンツ）によって商談獲得率を細かく計測することでインサイドセールスの成果の健全性を担保することが可能です。

ターゲットと温度感の関係

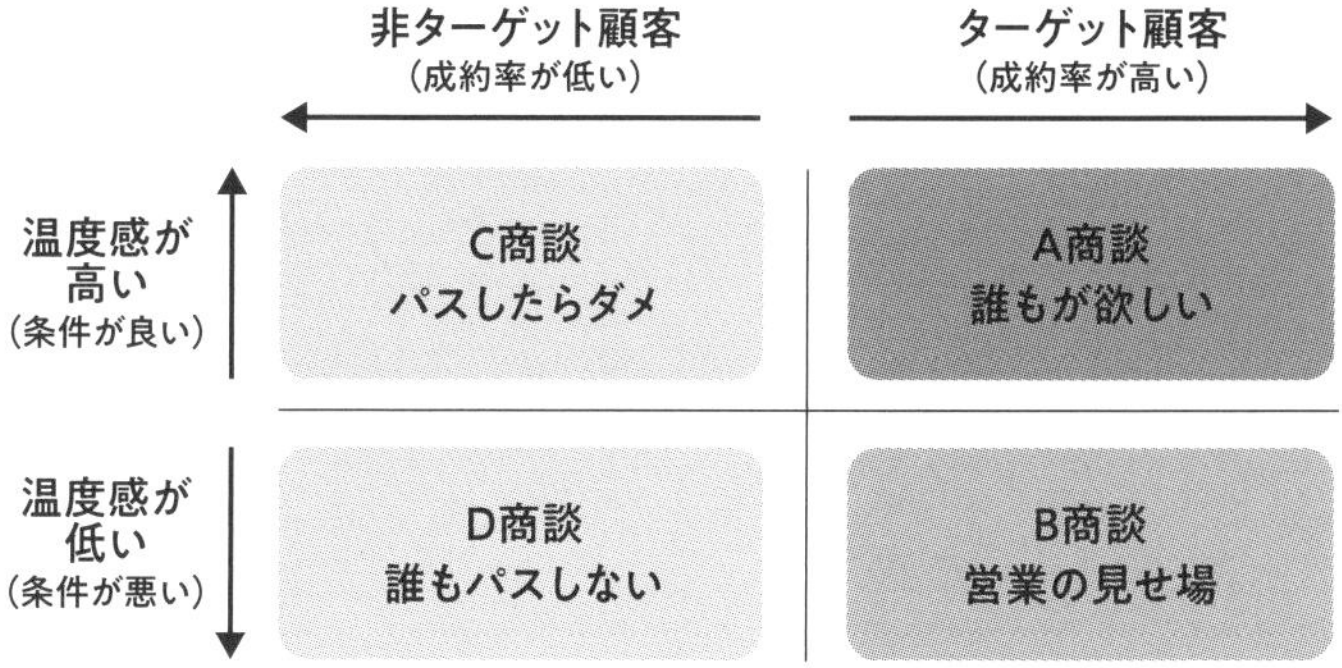


**最後にアクション後の判断ですが、誤登録は除外し、それ以外は有効リードとしてカウントします。**つながらない、メールへの返信がない場合に考えられるのは、不信という、お客様から信用されていない、もしくはまだニーズが顕在化しておらず今は連絡を取っても意味がないとお客様が考えているパターンです。この場合は自社への理解を高め、信頼を獲得するためにも主にメールでの資料提供やイベントのご案内を送ることで将来的な商談につなげていきます。

また、導入に関係しない部門や役割の方のリードの場合は「関係する部署や担当者」を紹介してもらうように働きかけます。信頼があり、意図が伝わればご紹介いただけることは多々あります。このようにターゲット企業かつ各種条件をクリアして架電やメールなどでアクションしたリードはその時点で有効リードであり、インサイドセールスの力量で次につなげることが可能です。

# 2

# 準備②商談化の条件を決める

営業にパスする条件（商談化の条件）を明確に決めておかないとインサイドセールスの成果を正しく測ることができません。商談化とは「インサイドセールスから提供した商談が商談するに値する、もしくは見込み顧客として認定できた」という意味が一般的です。

この商談化の条件がないとインサイドセールス側は「商談をたくさん創出しているのに営業が成約まで持っていけない」と言い、営業は「インサイドセールスからくるパスの質が悪いから成約まで至らない」と言います。

これまでのテレアポであればゴールはアポイントの獲得ですから、これでも問題ありませんでした（問題はあったが解決方法がわからなかったのでは、と個人的には思っている）。

しかしこれでは営業の生産性は上がりません。

インサイドセールス（SDR/BDR）の最終的なゴールは成約であるべきですし、

最低でも商談化する案件を営業に渡すことです。インサイドセールスはもちろんですが、分業型のビジネスモデルを取り入れる場合は各役割の連結部分（インサイドセールスで言えば営業に商談を渡す部分）の詳細な設計が成功のカギとなります。

## 客観的に判断できる条件を設定する

次ページの図は架空の条件ですが、**良い商談化の条件とは定量的であり、定量的ではないにしても客観的に判断でき、第三者が見ても判断が変わらないものです。**こういった条件は成約分析を行い、成約した商談、お客様の条件から共通項を見つけ出していきます。また、諸条件を抽出していきながら営業とインサイドセールスが協業してビジネスの勝ち筋を探っていくことで両者の間に信頼関係が芽生え、無用なセクショナリズムを発生させない効果もあります。重要なことはゴールをしっかり共通化し、そのために必要な改善をスピーディに進めていくことです。

次に架空の例を用いて、提供サービスや事業ごとの商談化の条件を解説していきます。

## サービスごとの商談化の条件例

### パターン1　人材紹介業（役員クラスに特化した採用事業）

- 現在採用中もしくは計画がある
- 部門長以上の採用を予定している
- 想定年収が700万円以上の求人を出すことができる

### パターン2　人材紹介業（スタートアップ、エンジニアに特化した採用事業）

- 現在採用中もしくは計画がある
- エンジニアの採用を予定している
- 自社サービスを運営、もしくは計画がある

### パターン3　顧客管理システムの提供（主に中小企業、スタートアップ向け）

- お客様にビジネス上の課題があり、それを提供製品で解決可能
- 商談開始から20日以内に受注する可能性がある
- 営業の人数が5名以上

### パターン4　顧客管理システムの提供（主に大手向け）

- 情報管理の見直しや営業改革が事業計画に織り込まれている
- 商談単価が1,000万円以上
- 役員クラスと接触している

### パターン5　採用管理システムの提供

- 年間採用人数が5名以上
- 複数のチャネルを使って母集団を形成している
- 面接官が5名以上

## 提供サービスの対象によって異なる条件

まずはパターン1と2ですが、基本は変わりません。採用をしていない、採用計画がない状態で商談しても成約に至ることはありません。

ただ役員クラスに特化した採用事業には「年収７００万円以上の求人を出すことができる」と追記してあります。つまりこれはいかに採用計画があったとしても求人の金額が合わなければ採用には至らず、意味のない商談になってしまうということを意味しています。

次にエンジニアに特化した採用事業では「自社サービスを運営、もしくは計画がある」と記載していますが、これはＳＩｅｒやＳＥＳ（System Engineering Service）企業からの転職を想定してこのようにしています。想定を「スタートアップ、エンジニアに特化した採用事業」としていますので、開発して納品する業態から自社サービスを構築する業態への転身を考えている層が母集団に多く存在するという仮定です。

2つのパターンとも人材紹介業なので採用活動さえしていればそれで良いのではないか、と思われる方も多いかもしれませんが、**このように細かく条件設定をしておくことで全体の受注生産制は大きく向上します。**

## 中小企業向けサービスにおける商談化の条件の特徴

**次にパターン3の中小企業向けの顧客管理システムの場合をご説明します。**

1つ目の条件は解決できるニーズが存在することです。顧客管理システムは対象企業が多く、競合製品を導入したばかり、もしくは特定得意先との折衝しか発生しないなどの場合を除けば多くの企業が提案対象となります。

この条件だけでは案件が大量に発生し、注力すべき案件を見落としてしまう、商談期間が長期化してしまうといったことが発生します。そこで2つ目の条件に「商談開始から20日以内に受注する可能性がある」のような条件を加えます。中小企業向けの場合、商談期間を平均や中央値で見ていくと一定の日数以降は成約率が下がっていく傾向が強いです（左上図参照）。つまりその日数以上の商談を保有することは営業生産性を下げてしまうことにつながるのです。

## 大手企業向けサービスにおける商談化の条件の特徴

対照的にパターン4の大手企業向けの場合は受注日数がバラバラで、数か月から数年単位のものまで存在しますので商談期間は商談化の条件からは除外します。**大**

商談日数と成約率の関係（イメージ図）

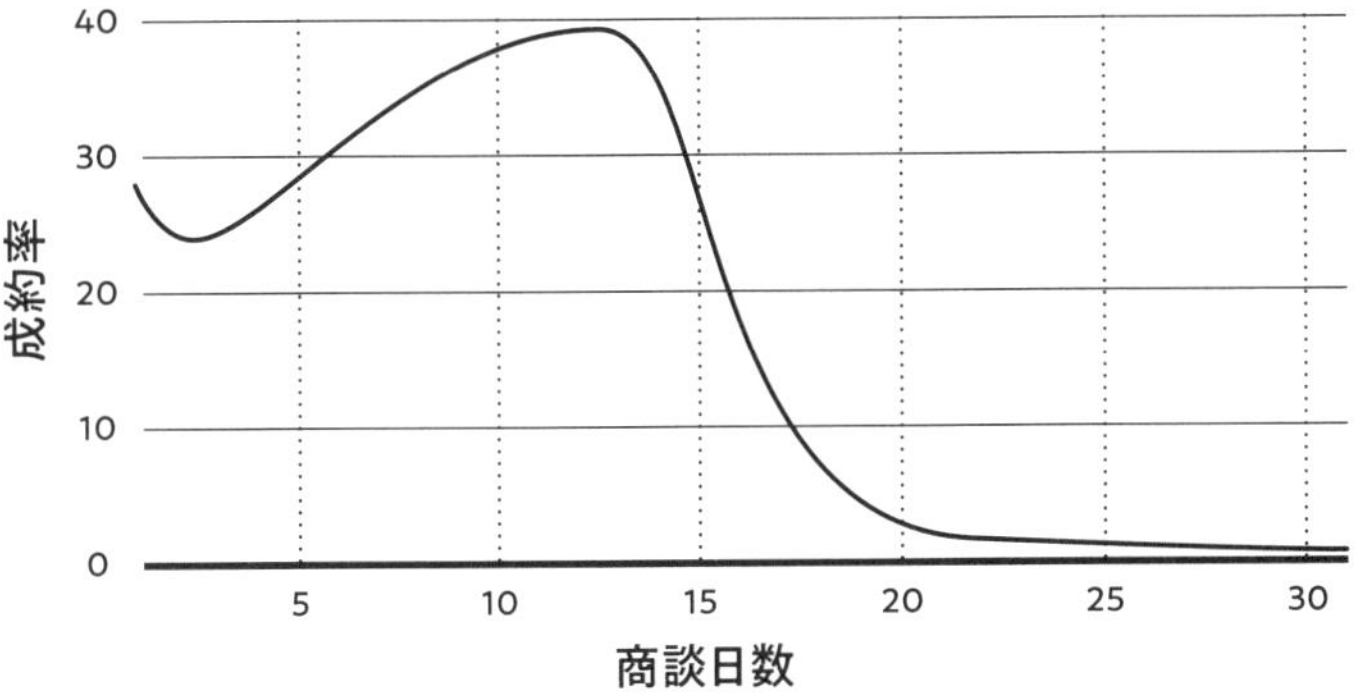


**手向け製品のインサイドセールスの指標として用いられるのが「商談の単価」です。**工数がかかる大手企業開拓において低単価案件を創出することは逆に営業生産性を下げてしまいます。そのため単価に下限値を設定し、そこを超えるように営業もインサイドセールスもターゲティングからアカウントプランの作成を行い、実行に移します。こうすることで良い意味で行動に制限がかかり、双方にとって重要な案件のみを創出することが可能になります。

　また、大手企業への導入を進める場合（大型案件の場合）、**役員クラスの支援が必要不可欠となりますので、それを条件に盛り込んでいるインサイドセールス組織も存在します。**この項目を加えることで商談初期に役員にアプローチする必然性が生まれ、商談品質の底上げにつながります。これは後述するＫＰＩ設定にも大きく関わってきます。

## 成約条件からの逆算で設定するパターン

**最後にパターン5の採用管理システムですが、これも成約条件からの逆算でこのように条件設定されています。**一般的にライセンス費用を捻出するために削減可能な工数を算出しますが、その損益分岐点を超えるような条件を事前に確認することで受注確度の高い案件を渡すことが可能になります。より多くの候補者対応をしている、より多くの人材紹介会社を利用している、より多くの媒体を使っている、より多くの面接官が採用に関わっているという状況であれば削減可能な工数が多くなりますので、かなり定量的に商談化を判断できるでしょう。

ここまでご説明してきた例はすべて架空のものですが、一部はそのまま皆さんの組織内でも流用可能なものだと思います。営業とインサイドセールス、インサイドセールスとマーケティングの間で無駄な摩擦を起こさず、受注につながる商談を生み出すためにも、この商談化の定義は必須となります。また、商談化の定義は事業のフェーズや商材の変化によって定期的に見直されるべきだと考えていますので、一度決めたものから1年以上変更していないという組織の方には見直す機会を作ることを推奨します。

# 3 準備③失注の定義を決める

失注の条件は意外と設定されていない項目の1つです。まず失注には3つの種類があります。まずはその3つを説明し、そしてなぜこれらがインサイドセールスのKPIと関係するのか、を後述していきます。また**共通して重要なのが失注理由を明記し、次のアクションやその期日を明示すること**です。インサイドセールスは顧客管理システムを利用するのが一般的ですので、それぞれの失注理由の記載や次のアクションの設定を徹底してください。それでは説明していきます。

## ①商談機会なし（Dead No Opportunity）

商談化すらしなかった失注です。準備②で説明した条件にそぐわなかった商談、つまり**営業が本来対応すべきものではなかったものを指します。**例えば自社のサービスとお客様が求めるサービスに乖離があった場合や、到底自社では解決できない課題を持っていた場合、または提供しているサービスを使っても効果が出ない企業規模だった場合などです。この商談機会なしが発生した場合、インサイドセールスの実績から除外される、というルールになっている企業も多く存在しますし、ＫＰＩを商談化数としている企業もあります。

この2つの組織に共通しているのは「全体の商談数よりも、条件を満たした商談数が重要」ということです。インサイドセールスの貢献度を明確に測るためにもこの商談機会なしの条件を商談化の定義と合わせて設定することが重要です。

## ②他決（Dead Lost）

**競合とコンペになり負けてしまった場合です**。他決による失注を管理する理由は大きく2つあります。１つ目はなんらかの製品やサービスを導入したということはそうでない企業に比べて次回の導入可能性が高いからです。

2つ目は競合分析のためのデータ収集のためです。商談の単価、提案企業の業種業態、企業規模、そしてニーズなどをデータとして収集し、今後の展開に活かすためにも失注ステータスをそれ以外のものとは分けて管理する必要があります。例えばデータで従業員規模が50名以下でＩＴ業界、創業から10年以内の企業で競合とコンペになった場合は勝率が下がる、理由はコストということがわかったとします。一方で、従業員数500名以上、年商500億円以上の上場企業でコンペになった場合は勝率が高い、理由は機能という事実がわかったとします（実際はこんな単純ではありませんが）。その場合、マーケティング部門、インサイドセールス部門はターゲットや商談提供基準を見直す必要があります。こういった軌道修正をリアルタイムに行うためにも厳密な情報管理とオペレーションを徹底する必要があるのです。

### ③その他の失注（Dead No Decision）

①と②に該当しないものはその他の失注となります。その他の失注には2つの意味があります。1つ目は**「製品の導入をするかしないかの決断そのものをしなかった」場合**です。例えば選考時期が来期にズレた場合や、検討期間を大幅に伸ばした場合、もしくは検討再開が未定といった状況。2つ目は他社に決めたわけではないが**「導入そのものを見送った」場合**です。失注理由の多くがこの「その他の失注」になりますのでルールはより厳密に決めていくべきです。前述した通り中小規模の企業がターゲットの場合は一定期間経過すると成約率の低下に影響することが多いため、「○○日経過し、かつ所定の条件を満たさないものは失注とする」といったルール設計も非

常に効果的です。また、失注となる企業は提案先としては間違っていなかった、ということになりますので失注理由は詳細に記載し、次のアクションを明確にしておくようにしてください。失注後は商談の管理がインサイドセールス部門に移行される運用が一般的ですので、その際に情報の薄い失注商談はアプローチの対象外となるパターンが多く、機会損失を起こしやすくなります。

## 失注を成約に変えるためにできること

ここでは失注の定義について説明してきましたが、その重要性をご理解いただけたと思います。有効商談数を増やし、成約率を高めていくためには、検証と改善のサイクルをより早いペースで回し続ける必要があり、そのためにも明確な失注の定義が必要となります。

また、失注商談を再度商談として提供する場合にはまず、「商談機会なし」を除外し、「その他の失注」を中心に抽出しますが、失注時の情報が正しくないとリストから漏れることになります。それではせっかく蓄積している意味がありません。

また、失注理由が明確ではない場合の無駄はもう1点あります。それは失注商談を再度提供するときのルールである「失注理由が払拭されていること」の精度が低くなると

商談獲得から成約までの流れ

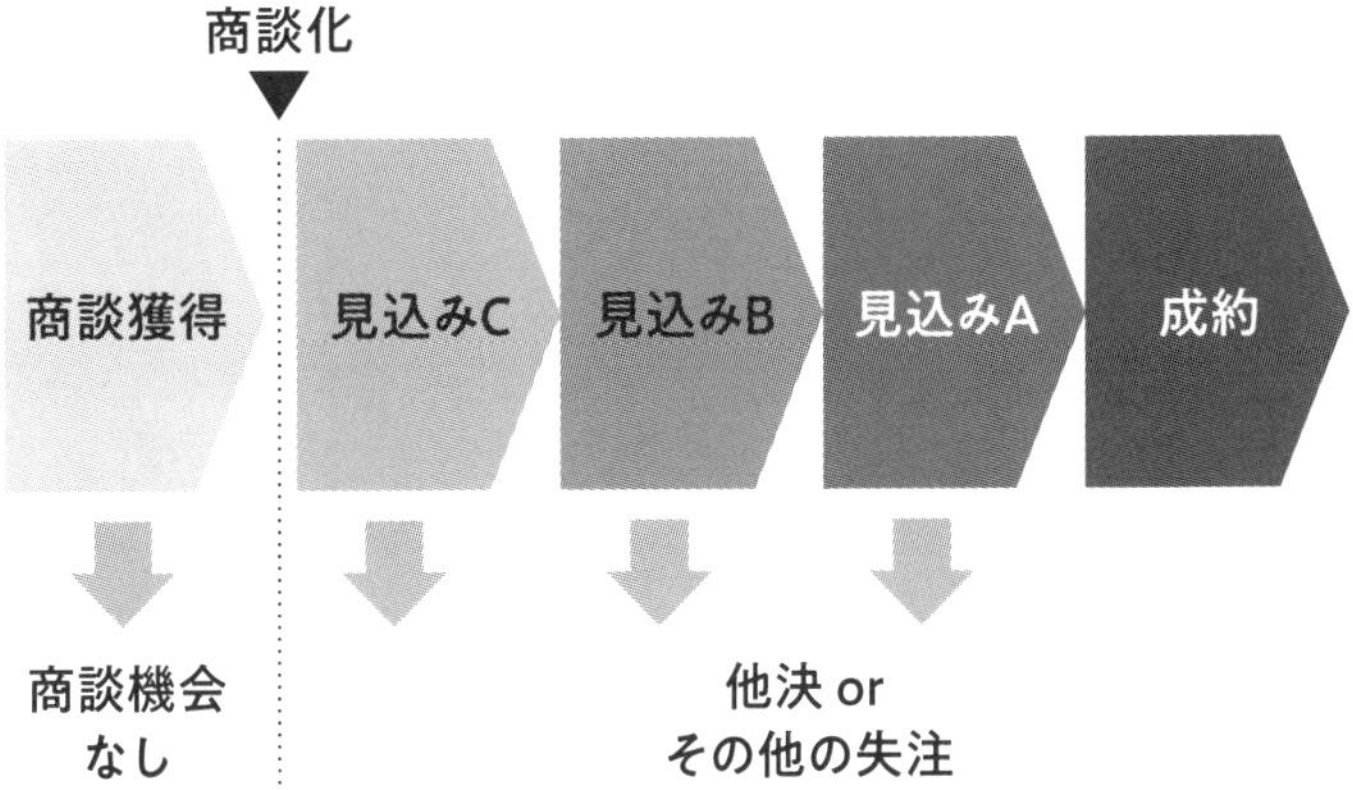


いう点です。**失注理由が解決できない限り、再度商談を行ったところで受注することはありません。**例えば「機能不足」で失注した場合は機能が拡充しない限り受注することはありえませんし、「コストネックで社長NG」の場合は料金改定、社長が交代する、もしくは経営状況が一変するなどの変化が必要です。**インサイドセールスはそういった変化がない商談を再度設定しないような意識が必要ですし、**営業側もそういった事象を防ぐためにも失注理由は明確に記載する必要があります。

また、受注見込みのない商談を営業部門で大量に抱えている状態では見込みが十分なのか、それとも不足しているのかをリアルタイムに把握することができません。そういった意味でも失注を定義し、ルールに沿って適切に失注処理をしていくことが極めて重要です。

## 4 常にチェックすべき基本項目

ここまでの準備が整ってようやく全体の数値が把握できるようになります。ここでは基本的にチェックする項目をSDR、BDRに分けて項目を記載し、そのあとに詳細な説明をしていきます。また、これから記載するものはチーム全体と個人の数字をそれぞれ確認する形になりますので、個人の成果が確認できるようなデータ構造にすることが必要となります。また、参考までにマーケティング組織で見るべき指標についても記載します。

### SDRの成果をチェックする指標

SDRはインバウンド対応がメインとなりますので、**まずはリード数を中心に見ていきます**。どのチャネルからどのぐらいのリードが入ってきているのか、ペースや偏り、品質に問題がないかを細かく見ていく必要があります。もちろんこの部分はマー

## インサイドセールスのチェック項目（SDR）

- □ リード数（有効リード数、リードソース別のリード数）
- □ リードのフォロー完了率
- □ 各リードからの商談獲得率

- □ 架電数（着電数*）
- □ メール送信数（到達数、開封数、URLのクリック数）
- □ 架電数とメール送信数を合計したアクション数

- □ 商談獲得件数
- □ 商談獲得金額
- □ 有効商談数（商談化数）

- □ 受注件数
- □ 受注金額

*対象人物との会話数

ケティング部門の責任範囲ですがSDRにとってリード量の減少、質の低下は死活問題です。SDR側でも常に確認し、異常値が検出された場合にはすぐに詳細を確認し、マーケティング部門とのミーティングを実施するなどして早急に改善する必要があります。

SDRは活動量がそのまま結果に直結しますので、メール送信数と架電数を合計したアクション数も重要になります。高い生産性を維持するためにも一定のアクション数を維持することが必要不可欠です。数年前までは架電数が重要指標でしたが、お客様の行動変容、電話の代理応答

SDRのKPI

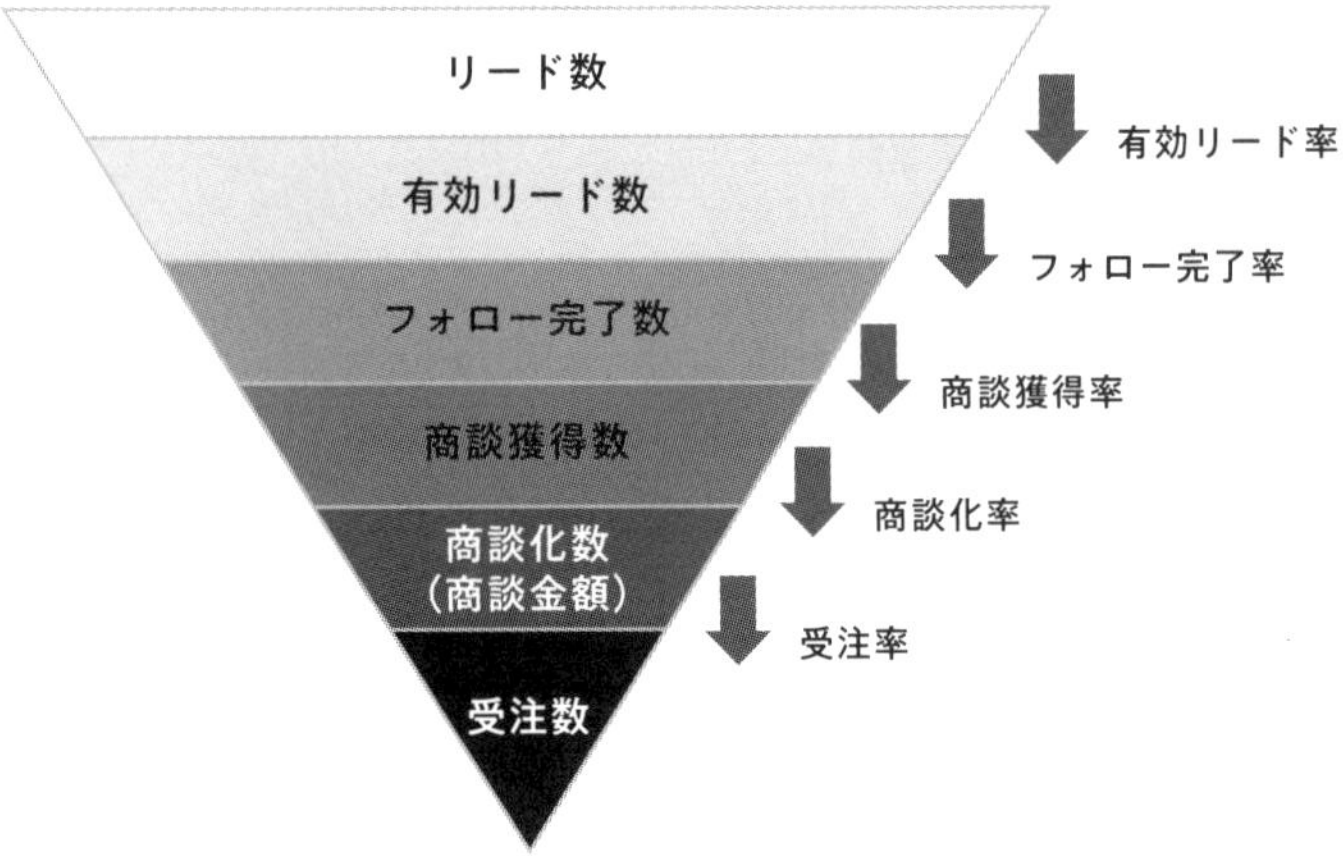


サービスの普及、そしてリモートワークの推進によってオフィスへの架電からの接続率が年々下がっています。昨今ではメールの送信数（EメールとSMSを含む）を含めたアクション数を指標として見ていくのが主流になりつつあります。

**商談獲得数はもちろんですが、やはり有効商談数（商談化数）に注目するべきだと思います。**事業のフェーズやインサイドセールスの成熟度によっても変わってきますが、本質は優良な商談を提供し、成約を目的とする組織ですので商談獲得だけで満足することなく、健全性を確認するためにも商談化数は極めて重要と言えます。また、部門としての最終的な評価は受注貢献度で測られるべきだと思います。

## BDRの成果をチェックする指標

BDRはアウトバウンドがメインとなりますのでそのもとになる**リスト数が重要です**。これは「ただ社数があればそれで良い」ということではなく、担当営業チームと合意したターゲットとして選定できている社数です。また、本格的なABM（Account Based Marketing：優良なターゲット企業に合わせて展開するマーケティング）を実行する場合にはマーケティング部門を巻き込んだ専用施策が必要となります。

例えば特定業界の企業を複数社リストアップし、そこにアウトバウンドを仕掛けていく場合にはその企業群専用のイベントやコンテンツを用意することで商談獲得の成功率を高めていくといった動きになります。

また、ターゲットリストは一定の期間で更新し、常にアプローチ先が枯渇しないように管理していく必要があります。

大手企業にアプローチする方法の1つに「CxOレター」という手紙を送る方法があります。その場合は、送付数が行動を測るKPIとして重要です。

BDRのアプローチはその特性上、1社ごとに調査と仮説構築、実際のアプローチと多くの工数が必要となります。さらに成約はもちろんですが商談獲得までの時間もSDRに比べて長く必要となるため、常にCxOレターなどのアプローチを続けていく必要があります。

月末に焦ったところで大手企業の役員や役職者クラスに急に時間を作っていただくことはほぼ不可能ですので、月初からの行動がその月の成果（商談獲得数など）を決めてしまいます。

SDRと比べて商談金額が比較的大きくなる場合の多いBDRでは、**商談の件数はもちろんですが、商談単価も重要確認指標です。**1件の商談が1000万円を超える商談も珍しくないBDRでは、とくにその商談単価を評価し、場合によっては商談化の条件として下限値を設定することで商談単価を一定以上に保つ必要があります。単価の大きな商談を作るためにはより大きな企業、そしてより大きな決裁権のある人物との折衝が必要となりますので、必然的に役員や上位役職者へアプローチするようになります。

## インサイドセールスのチェック項目(BDR)

- □ 営業と合意したターゲット企業のリスト件数
- □ ターゲットリストのうちのアプローチ完了率
- □ リード数(有効リード数、リードソース別のリード数)

- □ CxOレターの送付数
- □ 架電数(着電数*)
- □ メール送信数(到達数、開封数、URLのクリック数)

- □ 商談獲得件数
- □ 商談獲得金額
- □ 有効商談数(商談化数)

- □ 受注件数

*対象人物との会話数

## BDRのKPI

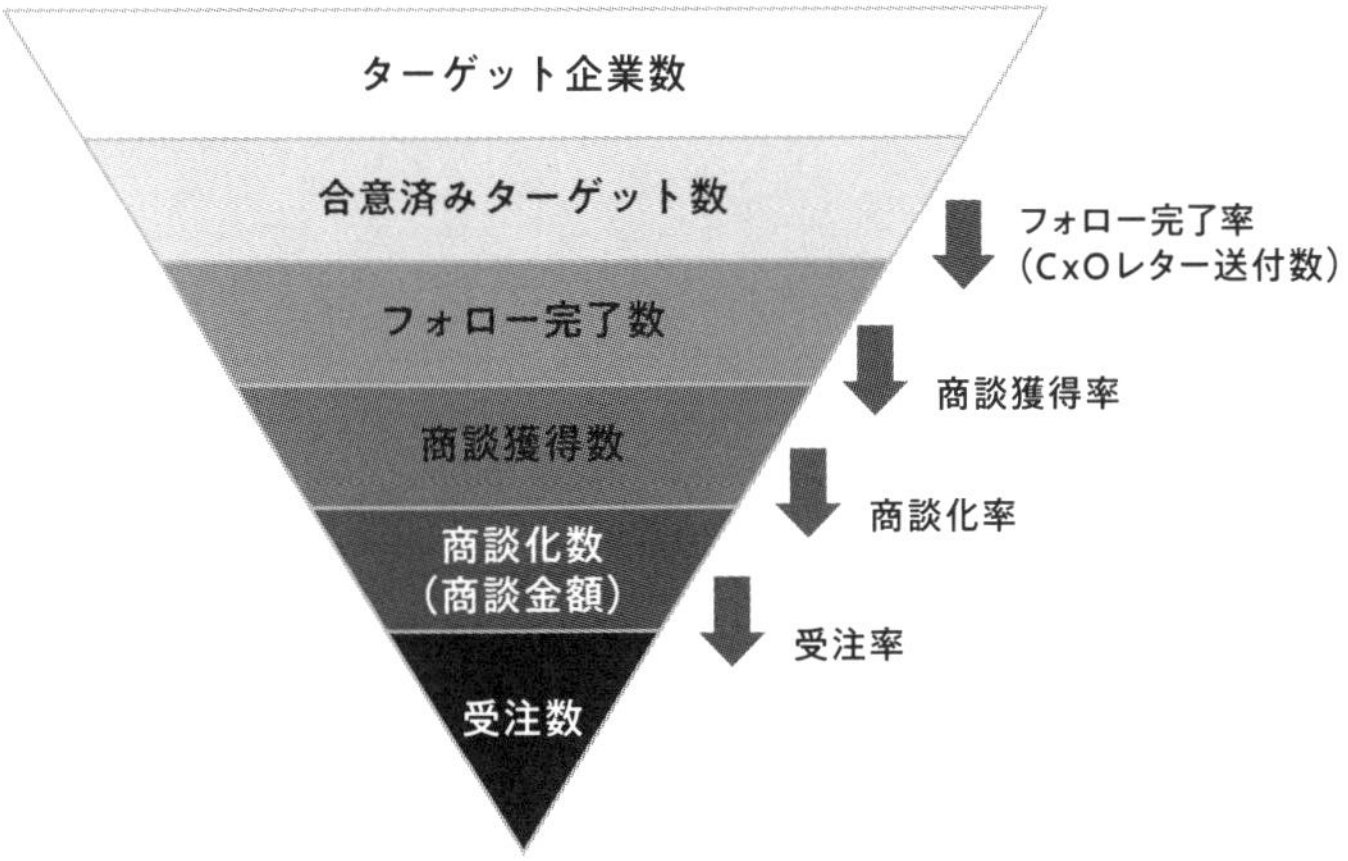

## マーケティングの成果をチェックする指標

マーケティング部門は一般的なリード獲得数や獲得単価はもちろんですが、**私が2020年現在、最も注目している指標は「オプトアウト（メルマガの登録解除数）」です。**本書はマーケティングの専門書籍ではないので詳細は割愛しますが、BtoBマーケティングにおいて重要なのは「信頼を獲得し、長期的な関係を構築すること」だと考えています。

欲しい情報にたどり着けなかった、不要な情報ばかりが送られてくるといった状態が続くとオプトアウトされてしまいます。これはマーケティングリードを1件失う、ということだけではなく、信頼を毀損したことに他なりません。逆に信頼関係が構築できてさえいれば、お客様の環境の変化によって商談機会をいただけることにもつながりますし、商談を他社に比べて優位に進めることも可能です。

デジタルマーケティングはマーケティング手法がデジタル化してお客様との関係構築が楽になった、ということではなく、お客様の購買行動のデジタル化に企業側が合わせることで広がったものだと理解しています。ですから企業側の一方的なアプロー

## マーケティング部門のチェック項目

- □ ハウスリストの件数（これまでのマーケティング活動で獲得したリード数）
- □ ハウスリストのうち、クッキー情報を取得できているリード数

- □ メール送付可能な件数
- □ マーケティングメールの送信数
- □ マーケティングメールの到達数
- □ マーケティングメールの開封数
- □ マーケティングメール経由のURLのクリック数
- □ オプトアウトの件数と送信1回あたりの解除率

- □ 各種マーケティング活動による獲得リード数と獲得単価
- □ 獲得リードのうち、過去に接触のないホワイトスペースのリード数
- □ 獲得リードのうち、ターゲット内のリード数

- □ マーケティング施策あたりの商談獲得単価
- □ マーケティング施策あたりの受注単価

チでは逆に信頼を毀損することになり、本来の目的からは大きく乖離することになります。

これはインサイドセールスにも言えることで、コミュニケーション手法が電話やメールだけではなく、チャットやWebセミナーなどに広がっていますが、本質的に重要なことは変わりません。

話を戻すと、マーケティング活動、とくに新規獲得における重要指標は複数ありますが、オプトアウトの数と率を重要指標としてチェックしている企業も存在します。

# 5 立ち上げ初期、中期、後期のKPIモデル

それでは実際にインサイドセールスを立ち上げる際に一般的にどのようにKPIを設定していくべきかを解説していきます。本来KPIとはKSF（キーサクセスファクター）を数値化したものであり、部門や施策の効果を最大化するために確認する指標ですが、ここでは『成果の出るインサイドセールスの立ち上げ』をゴールとして各フェーズにおいて重要視すべき指標」という意味でKPIという言葉を使用します。

## 立ち上げ初期のKPI設定

**立ち上げ初期に重要視すべき指標は「商談獲得数」です。**いきなり商談の質にこだわろうとする方がいらっしゃいますが、特定領域がターゲットであり、国内に100社しか存在しない、といった特殊な場合を除き、私は悪手であると考えます。

それには2つの理由があります。

**1点目は情報分析の観点からです。**どの企業に、どの手法で、どのように、なにを使って、いつ、どのようにアプローチすると商談獲得につながるのか、そしてどんな情報を求めていて、どんな商談を提供すれば成約に至るのか。アプローチ前にはペルソナ設計やカスタマージャーニーマップ等を作成し、様々な仮説を構築しますが、実際にお客様に接するまで正解はわかりません。

重要なのはそのPDCAサイクルをより高速で回すことで正解のサンプルを蓄積し、最速で正解を見つけることです。そのためにはより多くのサンプルが必要になるのですが、いきなり質にこだわるとこの初速が遅く、正解にたどり着くまでに時間がかかってしまいます。また、「これは商談としては難しいかもしれない……」とインサイドセールスが思った商談が成約につながった、という話は珍しくありません。それほど当初の想定と実際のお客様には乖離や意外な事実が潜んでいます。一見すると外れ値のように見える1件が、勝ち筋を見つける大きなヒントになることもあります。

**2点目は成約への貢献を早期に実現するためです。**インサイドセールスを立ち上げると必ず「分業制は是か非か」という議論が発生します。つまり、インサイドセールス発足前の体制、営業がリード対応やアウトバウンドをしていた時代との比較を求められるのです。もちろん検証の結果、分業制がフィットしない業種業態であれば分業制を廃止すべきですが、まずは短期的に成果を出し、しっかりと効果検証をする時間を捻出すべきです。

そのためにもまずは量に振り切ることが重要です。商談を多く供給するだけでも営業側の心理的ストレスの軽減、そして営業活動に時間を投下できることで商談品質の向上も見込めます。

そこで重要になってくるのが「営業側との商談品質の合意」です。立ち上げ初期は量にフォーカスしてとにかく多くの商談を共有するため、中には品質の低い商談も含まれてしまいます。事前に営業側と「量に振り切るために品質の低い商談が紛れてしまう可能性がある」ということをしっかり伝えておく必要があります。加えて「質を上げていくために忌憚のないフィードバックが欲しい」と伝え、実際に商談機会なしとなった商談については詳細なフィードバックをもらうようにしましょう。ここのコミュニケーションをしっかりやっておけば営業側と無用な摩擦を避けることができますし、「インサイドセールスが発足したはいいが、良い商談につながらない」といった問題を避けることもできます。

## 立ち上げ中期のKPI設定

**立ち上げ中期の目安は、一定数以上の商談をコンスタントに提供できるようになるくらいです。**初期で量に振り切ったことで2つの大きな変化が起こります。

1つ目は目的であったサンプルデータの蓄積です。これによって営業側が求めている質の高い商談の条件が明確になります。

2つ目は商談を多く供給したことによる営業の生産性低下です。どうしても一定数は商談機会なしが発生してしまうので、営業部門の商談総数を母数とした成約率は下がってしまいます。ですから中期に重要視する指標は「有効商談数（商談化数）」となります。ここまではとにかく時間をもらえるお客様すべてから商談の機会を頂戴していたと思いますが、**中期は本当に必要なものだけを商談として営業に渡します。**企業としてここで重要なことはKPIを有効商談数に設定するだけではなく、有効商談の定義の見直しを行うことです。そのプロセスを解説します。

**①成約した企業情報を分析する**（業種業態、企業規模、成長率、その他定量情報）
**②成約した商談情報を分析する**（検討の背景、商談者の特性や役職、その他定性情報）

③ 集めた情報を営業担当に肌感覚と相違ないかを確認して条件設定する
④ 設定した条件で商談供給が可能かをインサイドセールス部門内で確認する
⑤ ④が不可の場合は営業とインサイドセールスを交えて議論する
⑥ 除外条件を設定する　例：売上50億円以下の場合、社長商談であれば取得する

**まずは成約した企業分析です。**企業情報は定量的に判断できるものが多く、分析結果はその後ターゲットリストの作成にも流用できますので、業種業態以外は数字で捉えます。例えば売上規模や従業員数、その成長率などが挙げられますが、営業支援系のシステムであれば営業の人数や達成率・成約率の分布、経費管理システムであれば年間の経費精算額や領収書の枚数など、ヒアリングしなければわからない項目が成約に影響している可能性もあります。その場合は事前情報では確認できませんので、インサイドセールスが直接ヒアリングすることになります。

**次に商談の状況分析では、主に定性的な情報を収集して分析していきます。**検討の背景は企業によって様々ですが成約と密接に関係していることがあります。

例えば顧客管理システムは一般的にビジネス部門と商談をすることが多く、情報システム部は商談の初期段階では避ける傾向にあります。それは実際にユーザーとして利用するのはビジネス部門であり、より強いニーズを持っている可能性が高いからです。そこで商談条件として情報システム部門との初回訪問は原則禁止のようなルールを設定した場合、情報システム部門のリードは放置されることになります。しかし実際は「営業部長からの依頼で顧客管理システムを検討している」という背景もありえます。そしてよく見ていくと情報システム部門から流入したリードはことごとく受注している、といった事実がわかるかもしれません。2〜3件のサンプルでは成約との因果関係を証明することはできませんが、場合によって情報システム部門からのリードは最優先で対応し、いかなる条件に反していても商談を獲得する、といったオペレーションに変更されるかもしれません。

このように企業属性以外の有効な情報を見つけ出し、商談のパス条件へと組み込んでいきます。

**企業属性と商談の定性情報を組み合わせて商談化のルールを作成したあとに必須となる工程が「営業の肌感覚との確認」です。**ここで重要なのは分析から導き出した条件と受注相関が本当にありそうかを確認することです。もちろんデータがそう示しているのですが、もしかすると受注に相関しているのは別の項目であり、見逃している可能性もあります。そういったことを防ぐためにもここまでに導き出した条件を並べながら、その確からしさを実際にお客様と対峙している営業に確認してもらいます。ここで違和感があった場合は、議論して条件を修正していきます。

例えばデータからは従業員1万人以上の企業との受注相関が高いと読み取って営業に確認すると、「受注しているのはそのぐらいのサイズの企業だけど、実際には事業単位での検討になるから対象の従業員数は1000名ぐらいだと思う」という回答がもらえたとします。その場合は条件を1000名程度の従業員規模の企業、もしくは事業部、となります。

こういったズレをなくすために条件変更時の営業の確認フローは必要不可欠なのです。

**そして完成した有効商談の条件をインサイドセールス部門内で確認します。**目的は「この設定条件を満たすことは現実的か」を検証することです。厳しすぎる場合は条件の緩和を行います。

例えば「役員の同席必須」という条件を設定するのは難しいと思います。もし役員への直接提案が成約に直結するのであれば営業自らが商談中や商談後に打診するほうが紹介していただける確率が高いはずです。これを条件にしてしまうと商談の提供数が激減することになるので現実的ではありません。

ＫＰＩ設計と同様に「最も効果的で最も現実的な項目を設定する」ことが重要ですので、極端な条件設定をしないためにも営業とインサイドセールスを交えた条件設定が必要となります。

**最後は除外条件の設定です。**たとえ95％の成約商談を一定のルールでまとめられたとしても残りの5％を失うことになります。ここを取りこぼさないために除外条件を設定します。

例にも書きましたが役職で除外する場合や、現状の従業員数では不足しているが採用計画があれば許容するといった未来まで含めて除外する場合、資料請求や価格表のダウンロードなどの見込みの高いリードが流入したものは除外するなど、様々な除外条件を設定することで取りこぼしを極めて少なくすることができます。

ここでさらに検討が必要なのはインサイドセールス側のオペレーション難易度です。除外条件を増やせば増やすほどオペレーションが複雑になり、架電などのアクション数が落ちる、ミスが多発するなどのリスクもありますので、現実的に運用できる除外条件の数を設定し、運用に乗せることが必要です。

ここまでが商談条件を見直す一連の流れです。一度作ってしまえばあとは日々の調整になりますので、初回ほどの時間や労力は必要ありません。一方で常に設定した条件には懐疑的であるべきですので、期間を決めて見直すことを強くおすすめします。

## 立ち上げ後期のＫＰＩ設定

**立ち上げ後期の目安は、商談化率75％以上、設立から2年後くらいです。**組織が安定的に成果を出せるようになってきたらＫＰＩをさらに後ろに移して「成約数」をＫＰＩに設定します。インサイドセールスの最終ゴールは成約ですからある意味必然と言えますが、ＫＰＩを成約数にするメリットは複数あります。

**1つ目は成約数を増加させるための打ち手に柔軟性が出ることです。**ＫＰＩを商談獲得数においている限り、商談獲得のための改善案しか出てきません。未成熟なチームに成約を追わせても効果は低いですが、チームが成熟し個々の能力が開発され、経験を積んだ状態であれば、成約数を増加させるための打ち手が様々な角度から起案されるようになります。

獲得する商談を極限まで絞って供給する、初回商談はインサイドセールスが行い、製品デモを実演しながらより深いヒアリングを実施してから営業へバトンタッチする、事前に複数の動画コンテンツを送付し、自社開催のイベントに参加していただいてから商談をパスする、場合によっては商談供給数を最大化することが最も効果的であればそこに振り切るなど、これらは実際にKPIを成約数に変更したことでメンバーやマネージャーから起案された内容です。

このようにKPIを受注に設定することで様々な打ち手が見つかり、すぐに実行することが可能になります。

**2つ目はメンバーの能力開発とマンネリからの解放です。**インサイドセールスはどうしてもルーティンワークだと錯覚しやすい仕事です。オペレーションを磨いていくことは生産性の向上だけではなく、競合優位性にもつながることから、無駄を省きながら研ぎ澄ましていきます。しかし、オペレーションが洗練されればされるほど、単純なルーティンワークのように感じてしまうのです。ですからチームの成長とともにKPIを徐々に成約に近づけていくことで、必然的に求められるレベルが上がり、個人の能力開発にもつながるのです。

インサイドセールスは一定期間で営業へ異動させる、という育成計画がある企業であれば、成約を軸に考えることはその訓練にもなり、営業に異動してから能力発揮するまでを短期間にすることができます。

一方でネガティブな部分もあります。成約数に対して最小の商談数で勝負しようと行動量が下がってしまう人、思考に時間を使いすぎて手が動かない人、目標が遠すぎて（受注までの期間が長いために）モチベーションが下がってしまう人、月の半ばで未達成がほぼ確定してテンションが下がってしまう人が出現する可能性があります。

メンバーマネジメントの難易度が上がることからもメンバーだけの成熟ではなく、マネジメントを含めたチームの成熟がないと受注数だけを追いかける組織運営は難しいと考えます。なお、マネジメントについては第7章で後述します。

# 6 見落としがちな罠①
# 数字は「輪切り」と「追っかけ」で見る

リードからの商談獲得率は何%ですか？　と聞かれたら皆さんはどんな回答をされますか？　おそらく当月獲得リードからの当月中の商談獲得率を回答される方と、これまでの累計獲得率で回答される方がいると思います。

どちらを見るのが正解か、ということではなく、この2つを常に確認しておく必要がありますので、詳細を解説していきます。

## 「輪切り」で月ごとの純粋な生産性を見る

本書で言う輪切りとは「リードの発生月と商談の獲得月を揃えて見る方法」です。

例えば7月のリード獲得が100件、7月の商談獲得が50件だった場合、7月の商談獲得率は50%となります。この7月に獲得した商談の中身は5月や6月に発生したリードも含まれていますが、そこは加味せずに純粋にその月の生産性を見ていきます。

輪切りで見るメリットは**数字が単純でわかりやすいという点で、多くの組織がこの指標を見ています。**デメリットは不調の際の原因がわかりにくい、当月リードの質を判断するまでに時間がかかり改善案が遅れる、ということがあります。ですから輪切りだけで好不調を判断するのは大変危険です。

## 「追っかけ」でリードからの生産性を見る

本書で言う追っかけとは「リードの発生月を基準にその月のリードから何件の商談を獲得できたのかを見る方法」です。

例えば5月に100件のリードを獲得し、5月中に20件の商談を獲得すれば獲得率は20%です。しかしその後もそのリードに対するアプローチは続いていきますので、6月に10件、7月に5件の商談を獲得したとすると、8月に数値を確認した際には5月リードからの商談獲得率は35%となります。

追っかけで見るメリットは**正しく数値を把握することができる、過去のリードからも商談を生み出せているかを確認することができる、という点が挙げられます。**デメリットはその評価までに時間がかかってしまうということです。営業の場合も同様で、例えば平均商談期間が90日だとすると、その月に生み出された商談を評価することができるのは90日後ということになります。

## 組み合わせて管理する

短期的には輪切り、長期的には追っかけで数字を把握することでバランスよく事業を運営することが可能になります。

**これはチームとしてだけではなく個人としても見ていくべき指標です。** 月次の生産性は輪切りで見ていきますが、自身の保有する過去のリードからしっかり獲得できているかを確認し、獲得率の低い月のリードをフォローすればもしかしたら商談獲得できるかもしれないとあたりをつけて活動していくことも効果的です。エクセルでも可能ですし、各種ツールを使えばリアルタイムに可視化することができますので実践することをおすすめします。

7

# 見落としがちな罠②
# 活動量は面積で確認する

ＳＤＲのリード対応数や架電数、ＢＤＲのレター送付数などの行動量を計測する場合、多くの方がそのままの量を指標として見ていると思いますが、そこに落とし穴があります。

**インサイドセールスの成果は「行動量×社数」で決まりますが、この社数の概念が抜けているケースが多く、正しい活動量を測ることができていません。**

１社に対してどれだけ架電してもメールを送信しても、そこから得られる商談は１件にしかなりません。そのため、行動量を計測し、その通りに実行できたとしても月末に必要な商談数が不足しているという事態を招きます。こういった事態を未然に防ぐための計測方法はいくつかありますが、データが整備されていれば企業数をそのままカウントする、もしそのデータがなければメールアドレスのユニークドメイン数で判断することが可能です。

毎日確認する必要はありませんが、月に2回程度の頻度で確認すると偏りを防ぐことができます。ＳＤＲの目安は１００件の活動があれば50社以上にアプローチしている状態が健全です。社数が50社未満であればアプローチする社数が不足していますし、50社を大きく超えているのであれば1社あたりのアプローチ数が不足しているのでリードを無駄にしている可能性があります。

ＢＤＲについてはアプローチできる社数が固定されていますので、あまり変動要素はありませんが、それでもリスト内の網羅率を見ていくうえでこの面積の考え方が重要です。

ただし、大手企業を担当するＢＤＲは数字が逆転します。大手企業開拓は非常にハードルが高く複数回のアプローチは必然です。もしアプローチ回数と社数の値が近しい場合はその企業に対する行動量が少なく、正しく成果につながっていない可能性があります。さらに、大手企業は企業数が少なく、綿密に練られていない雑なアプローチを行ってしまうとその後の関係回復には長い時間を要しますので受けるダメージは甚大です。ＢＤＲが安易にリストの入れ替えを要求していないか、アプローチの手法に問題はないかを定期的に確認するようにし、注視してください。

8

［部門間連携］

# 営業部門とのミーティング

SDR、BDRは営業部門とのミーティングは週次、ないしは月次で実施することが一般的です。ミーティングの内容は主に「商談数の進捗、予実」「商談化率と数の予実」「商談の条件の見直し」「予算の調整」等が中心になります。

大前提として、データの整備、可視化と共有、KPIの合意などを行って同じ数字を普段から共有し、議論する場合もその数字を使うことが必要です。見ている数字にズレが生じていると正しく議論が進みませんし、無駄な摩擦を起こしてしまいます。

## 売上貢献をゴールに現状を正しく把握する

**そのうえで重要なポイントは「常に売上を中心に議論する」ということです。**多くの組織でインサイドセールスと営業との摩擦が発生しており、私もよく相談を受けることがあります。

その多くが自身の数字や成果に固執し、本質的な議論ができていないことに起因しています。インサイドセールスも営業もゴールは売上に貢献することであり、どちらの部門に問題があるかは小事です。インサイドセールス目線で「商談機会の創出は問題ない。あとは営業の責任なのでしっかり受注してほしい」といった発言をする方がいらっしゃいますが、これほど本質から外れた発言もありません。創出した商談が成約に至っていないということは、営業のプロセスはもちろんですが、最適な商談を創出できていない可能性も否定できません。

これは質の問題ですが、量についても「短期的に業績を伸ばすためにはインサイドセールスからの商談創出量を増やすしかない」と営業側から要望があることも少なくありません。この場合、反射的に「そんな急に増やすことはできません。営業側でアウトバウンドしてください」というインサイドセールスマネージャーがいますが、それも違います。目的は売上への貢献です。

**次ページの図のように商談をターゲット企業か否か、検討の温度感が高いか低いか、という四象限で分割します。**

現状がターゲット企業かつ温度感の高いものだけを創出しているのであれば、ターゲット内で温度感の低い商談を増加させることが可能です。しかし、そこも創出済み

ターゲットと温度感の関係（再掲）

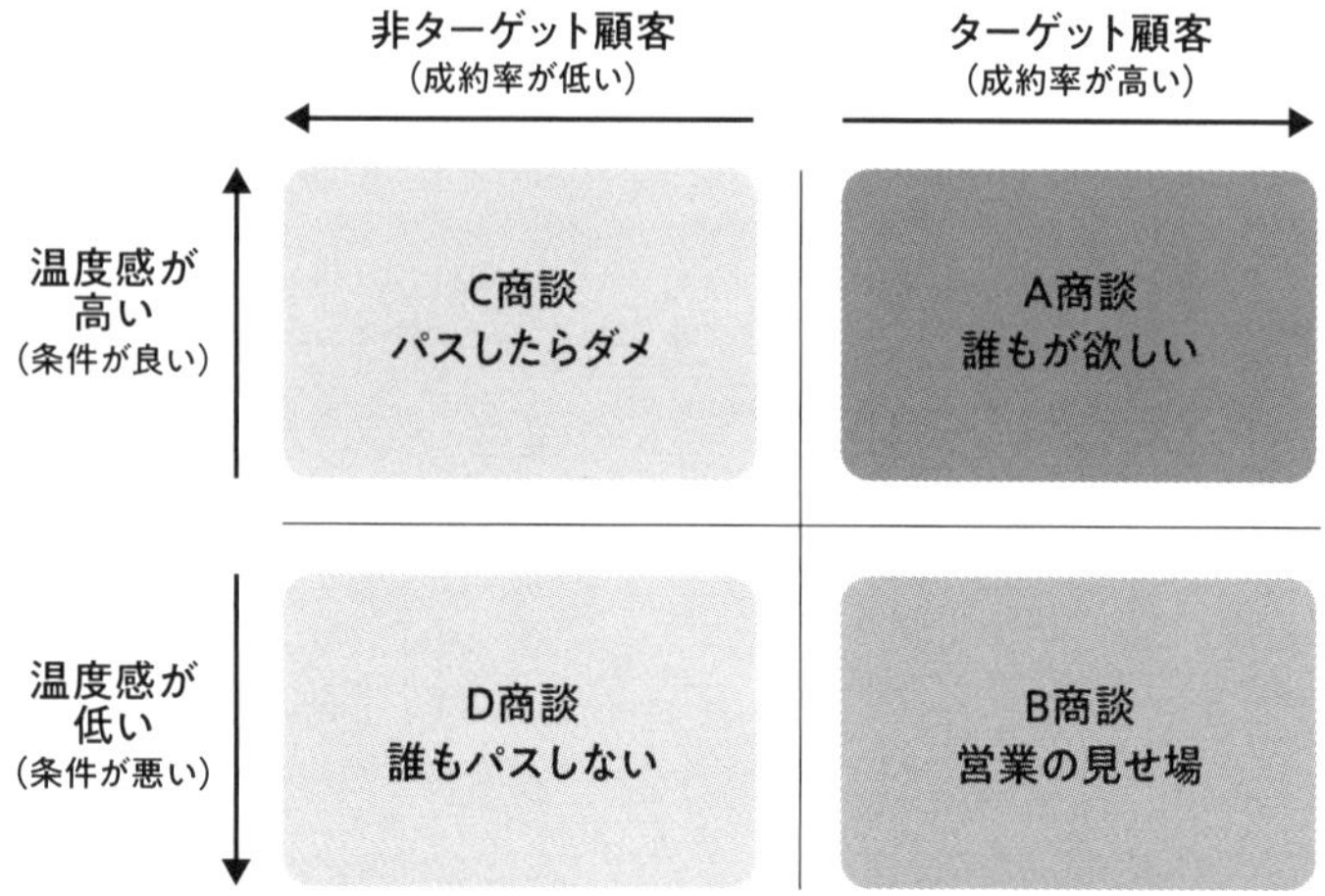


となるとターゲット外の商談を創出することになりますので、商談を増やしたところで成約数は増加しません。つまり、単純な量の問題として議論するのではなく、常に売上貢献できるかどうかを中心に議論を進めていくべきだと思います。

　こういった思考が抜け始めるとセクショナリズムの足音が聞こえ始めますので十分に注意してください。

　分業制は業務を分けるだけでは絶対に成功しません。信頼と共通言語が存在し、部門の壁を越えて共創することでその真価を発揮します。そのためにもミーティングの中心は「売上」という共通ゴールであるべきです。

# 9 ［部門間連携］マーケティング部門とのミーティング

とくにSDRはマーケティング部門と一蓮托生の関係性にあるので少なくとも週に1度はミーティングを実施するのが基本です。その中で「リード数の進捗」「その原因と対策」「今後のマーケティング施策の共有」などが話し合われると思いますが、単純なリード数ではなく**「有効リード数」と「リードのユニーク社数」を見ていく必要があります。**

## 有効リードの定義を共有する

有効リードについては前述した通りですが、ここはインサイドセールス部門とマーケティング部門での明確な取り決めが重要です。すでに契約済みのお客様を除いたリードだけをカウントする企業や、すべてのリードをカウントする企業もあり、千差万別です。

そしてこの**有効リードの定義は定期的に見直すべき条件であり、事業戦略によっても変わっていきます。**ミーティングの議事録とデータの保管場所には「いつ、なぜ、どんな背景で条件が変わったのか」を記載しておきましょう。データの条件が変わったことを知らずに分析をすると、誤った結果を導き出すことになりますので十分注意してください。

## ユニーク社数から有効な施策を話し合う

話を戻しますが、有効リード数に加えて重要なのがユニークの社数です。行動面積でも説明しましたが、1社からいくつものリードが流入しても、発生する商談は1つだけです。とくにハウスリストが潤沢になってきたタイミングのメール施策や、Webセミナーや展示会などの大量にリード獲得が見込めるイベントでは1社から複数のリードが流入しますので、**見た目は多くのリードを獲得できているように見えますが、実際は30%が重複した企業のリードだった、ということが起こりえます。**

BDRとマーケティング部門とのミーティングはリードの獲得数よりも各種イベントやコンテンツのすり合わせに時間を使います。ターゲット企業専用のイベント、そして専用のホワイトペーパーなど、SDRは結果についての議論が多く発生しますが、BDRは未来についての議題が多くなります。ですからKPIについて議論するよりも「これからアプローチしていきたい企業は〇〇ですが、きっかけとなるようなマーケティング施策を起案いただけませんか？」のような会話が増えます。

その際、マーケティング部門よりもお客様に近いBDR側からマーケティング施策の起案ができると素晴らしいものが出来上がりますし、メンバーのモチベーションも上がります。

これからのBDRマネージャーにはマーケティング視点が求められますが、そのような中でもターゲット企業のリード獲得率やイベントの効果検証は必須となりますので、最低限のKPI設計は必要です。

●NEC社・東海林直子氏に聞く

# 「DX化の起点となるインサイドセールス」

東海林直子
日本電気株式会社
IMC本部 本部長

NEC入社後、代理店販売業務を担当しユーザーコミュニティを立ち上げ、その後、法人向けインターネットサービスで新サービス企画および営業支援を担当。2004年からは全社マーケティング活動を開始。現在は、IMC本部で様々なタッチポイントと MA、SFA、インサイドセールスを連動させたマーケティング施策の実行を統括。

最先端ICTにより社会や産業のデジタルトランスフォーメーション（DX）を推進するNEC社の東海林直子氏は「今こそ営業のDX化を図るべきであり、営業部門自らが変革したいと強く思っている」と語ります。その推進に必要な連携についてお話を伺いました。

## 営業のDX化が進んだ2020年

これまでのインサイドセールスは営業が手をつけていないホワイトスペースの開拓や見込み顧客を引き渡すのがメインでした。

しかし2020年には様々な変化、お客様の情報収集や購買行動といった市場側の変化、訪問ができないことで営業の価値を発揮できないといった内部の変化が起こりました。

これによって営業部門側から「デジタル化」「ツールやデータの活用」という要望が上がってくるようになり、これまでのやり方をすべて見直して新しい形を作り始めています。

また、2020年に入ってから大手企業の上位役職者が自らイベントに登録して来場してくるようになりました。このようにイベントにご来場いただくお客様が変わったことからも、弊社だけの変化ではなく、日本全体での変化を感じています。

## 営業とマーケティングは共通のKPIを持つべき

弊社では金額を共有目標として設定しています。件数を気にするのはマーケティング部門だけで、営業部門にとっては「何件のリードや商談が獲得できた」ということよりも「いくらの商談か、いくら売れたのか」が重要です。これまではマーケティング部門の成果を正しく計測するために、獲得したリード件数や生み出した商談の件数をKPIに設定していました。もちろんそのKPIによって改善点が明確になり、より効率的なマーケティング活動が可能になりましたが、一方で営業部門との連携には課題を残しました。そのためにKPIを見直し、営業部門との共通化を図ったのです。

営業部門と一体となってマーケティングからセールスまでをつなげ、狙った効果を出していくためには、共通認識が重要になります。そのため、金額ベースでの目標設定を行っているのです。ＫＰＩ設計は、目標達成だけでなく、部門間連携においても重要なポイントですので定性面も加味するべきです。

その目標は、可能な限り高く設定することをおすすめします。それは高い目標のほうがプロセスの変革を起こしやすいからです。

どうしても、「まずはここから……」と小さな目標を設定してしまいがちですが、それでは大きな変化を起こすことはできません。市場の変化に対応するためには、今までとはまったく違うアプローチが必要になります。

現代は変革を起こす大きなチャンスにあふれる時代ですので、皆様にもなるべく高い目標を設定してまったく新しいプロセスを検討、実行していただきたいと思います。

第6章

# 成果を出すインサイドセールスのテクニック

本章では実践的なテクニックを説明していきます。信頼をストックしていくという正しい心構えをベースに効果的なテクニックを実践することで「良質な顧客体験」と「売上」は両立させることができます。本章ではSDR、BDRとOnline Salesに分けてテクニックを説明していきます。

# 1 SDRの問い合わせ対応テクニック

## 温度感の高いリードは「スピード」で成約につなげる

問い合わせからの商談作成がメインのSDRは様々な種類のリードを同時に対応しなければいけません。そこで重要なのがリードによって対応を変えていくことです。温度感の高いリードとは「資料請求」「料金表のダウンロード・料金への問い合わせ」「デモ動画の閲覧」「その他の問い合わせ」などを指しています。

これらのリードは一般的に商談獲得率が30〜50％と高く、企業からすると絶対に取りこぼしたくないリードです。もちろん商談後の成約率も他のリードに比べると高い傾向にあり、商談獲得だけではなく、成約を見据えた動きが重要になりますので、商談獲得、そして成約につながるポイントを分けて解説します。

**商談獲得率を上げるために必要なもの、それはリード流入から初回アプローチまで**

**のスピードを「5分以内」とすることです。** これはXANT社（*）によって統計が出ており、5分以内のアプローチと10分以内のアプローチを比較した場合、着電率（電話をかけてお客様本人と会話できる確率）が約4倍違うというものです。情報収集直後はデスクにいるか、スマートフォンからの問い合わせであれば手にした状態です。かつ情報収集する時間があるということなので、直接お客様と会話できる可能性が高いのです。ただ、あくまでもこれは温度感の高いリードにのみ有効で、温度感の低いリードに対して実行すべきではありません。近年は「早く情報を知りたい」というニーズに対しては徐々にWebサイト上でのチャット問い合わせに移行が始まっています。

温度感の高いリードが流入した場合は最低限の情報として「既存のお客様ではないか」「すでに他のSDRが対応済みではないか」「すでに商談しているお客様ではないか」を確認し、すぐにご連絡します。競合が複数いる場合はとくに重要です。

資料請求をするお客様はもちろん他社製品にも興味を持っており、最終的に商談にたどり着けるのは2〜3社です。この商談のテーブルに乗らない限り、成約にたどり着くことはありません。

*出所：XANT（旧Inside Sales.com）社によるレポート
Harvard Business Review「The Short Life of Online Sales Leads」
https://hbr.org/2011/03/the-short-life-of-online-sales-leads

**一括資料請求サイトを利用している場合はオペレーションに工夫が必要です。**資料請求サイト経由でお客様から資料請求のオーダーが入るとメールに通知があります。そこから資料請求サイトにログインし、リード情報を取り出し、場合によっては顧客管理システムに登録して初めてアプローチ可能となります。例として、私がお伺いしたオペレーションの改善例をご紹介します。

「以前はマーケティング部門にこの作業を任せていたために、リードを認識するまでに1~2日かかっていました。するとすでにお客様は競合と会話済みであり、複数社と商談予約が入っている場合は『もう結構です』と断られることもありました。そこでメール通知先をインサイドセールスのマネージャー陣のグループアドレスに変更し、通知があり次第対応できるマネージャーが即時にリード作成、メンバーへの割当を実施するオペレーションに変更し、レスポンス時間を大幅に短縮しました。結果、一括資料請求サイト経由の商談獲得率は大きく改善し、自社サイトからの資料請求に近い数字に引き上げることができました」

このようにスピードは重要なポイントであり、それを実現するためにはオペレーションの改善が必要となります。ただ「対応スピードを上げよう」と言うだけでは早くはなりません。

## 温度感の高いリードは「チャレンジ」で成約につなげる

次に成約率を上げるために必要なこと、それは「チャレンジ」です。**チャレンジとは「詳細情報の取得」「訪問日の前倒し」「上位役職者の同席依頼」という3つのチャレンジを指しています。**

「詳細情報の取得」とは商談に必要な情報であり、仮に営業支援システムであれば「月間商談数」「営業人員の数」「顧客単価」「成約率」「トップセールスの実績」等です。これらの情報を事前に取得することで初回商談を円滑に進めることが可能です。**初回商談は言わずもがな重要であり、とくにオンライン商談はお客様の慣れや集中力の問題からインパクトのある提案が必要です。**

今までのように1時間の中でヒアリングと提案をしているよりも、30分で中身のある提案が必要です。しかし温度感の高いリードは架電前の事前準備の時間が限られているため、信頼を得ることが難しいのが現実です。

そこで使うべき言葉が「せっかくお時間を頂戴しますので貴社にとっても価値のある時間にしたいと考えています。そのために追加で2〜3点質問させていただけませんか？」です。これは嘘でも誇張でもなく事実ですし、遠慮したことで商談時間の前半30分がヒアリングになってしまう、もしくは初回は表層的なヒアリングだけで終わってしまうのはお客様の時間を余計に使うことになるので必ず実践してください。

次は「訪問日の前倒し」のチャレンジです。**初回訪問までの時間を短縮することは、商談全体の期間を短縮することにつながります。**売上は「売上＝商談数×単価×成約率÷期間」で算出することができます。つまり、数や率が変化しなくても期間を短縮できれば回転率が上がり、同じ人員数でも売上を伸ばすことが可能です。

また、オンライン商談が主流となってきたことで、その効果がより発揮されるようになりました。移動時間の制約がなくなったことで営業のスケジュール調整が容易になり、お客様側も会議室の都合などを考慮しなくて良くなったために日程の前倒しが２０１９年までに比べて格段に容易になりました。「なんとなく再来週」のような意思決定に対して「可能であれば週内でお時間をいただけませんか？」と日程交渉をすることは組織全体の生産性向上につながります。

**最も重要なのが「上位役職者の同席依頼」のチャレンジです。**これはＳＤＲが対応することの多い中小規模の企業において重要なポイントです。中小規模の企業であれば直接社長との商談機会を得る可能性もありますし、社長の鶴の一声で導入が決まることも少なくありません。もちろん現場からの上申によって商談が進むこともありますが、商談期間の短縮や成約率の向上にも良い影響が大きいことから早期に商談に巻き込むべきです。

その際に使う言葉が「○○様も社内で上申される際、資料作成や社長からの質問に答えなくてはいけないので大変ですよね。それであれば我々が直接ご説明しますので、ぜひご同席いただけませんか？　併せて社長がお持ちの課題にもお応えできるかもしれません」です。しかしこの同席依頼と日程の前倒しは両立できない場合があります。

そのようなときのために役職者の同席を優先するか、日程の前倒しを優先するかルールを決めておきましょう。ただ、役職者同席の前提は「初回からしっかりとした提案ができる状態」ですので、ヒアリング不足やお客様の課題をつかみきれていない場合は控えるべきです。

## 対象だが温度感の低いリードには「仮説」と「SPIN」で対応する

リードはそのすべての温度感が高いわけではなく、マーケティング活動を拡大していくとむしろ低いもののほうが多くなる傾向にあります。温度感が低いリードとは「ホワイトペーパーのダウンロード」「展示会やウェブセミナー（以後、ウェビナー）」「外部媒体からのリード」等を指しています。温度感の低さには2種類あり「対象部門や役職ではあるが温度感が低い」というものと「そもそも対象部門ではない」というように分類することができます。

まずは対象ではあるが温度感が低いリードに対しての対応方法について説明していきます。対象ではあるが温度感が低いという状況は「ニーズはあるが話したくない」と「ニーズが顕在化していない」に分類することができます。ニーズはあるが話したくない状況はお客様から信頼されていないということです。考えてみれば、興味があって資料をダウンロードしただけですので当然の状況と言えます。

**信頼を獲得するのに最も良い方法は仮説を立ててお伝えしてみることです。**お客様は自社のことをよく理解していない人にわざわざいちから説明するようなことはしません。考えてみてください。投資用不動産の電話がかかってきたときに「老後の資産形成に不安はありませんか？」と聞かれて「はい、不安です。実は……」と急に話さないと思います。それに近い感覚だと思っていただきたいのですが、お客様はまだ皆さんの企業のことや、製品のこと、そして電話をしてきているあなたのことをなにも知りません。そのような中で急に「なにかお困りのことはございませんか？」と聞いても答えは「とくにありません」となってしまいます。

ですからお客様の信頼を得るためには、仮説を立てて連絡し、それをお伝えすることが重要になります。仮説を立てる前提はお客様に興味を持つことです。どんな市場でどんな製品をどのように展開しているのか。そこにはどんな創業の思いがあって、どんな人たちが働いているのか。そこに興味を持つことで「こんな課題があるのではないか」と着想することにつながります。

ただ「どのように興味を持ったら良いかわかりません」という方がいます。そのようなときは「その企業に転職しようと思ってください」とお伝えしています。転職しようという目線で見るとより興味を持って企業調査をすることができますのでぜひ試してみてください。

**仮説をお客様にお伝えする際は、外れて当たり前の精神で会話してください。**仮説を立てるとその仮説にはめ込もうとする方がいますが、一番やってはいけない行為です。仮説というのはお客様の信頼を獲得し、ヒアリングのきっかけを作るためのものです。「そうですか、とはいえ困っていないということはないですよね？」「他のお客様でも○○に困っているので○○さんが知らないだけで困っている人がいるはずです」文字で冷静に見るとありえない会話ですが、これは実際に起こっている会話です。仮説によって「この人は自社のことや業界のことをよく理解しているな」と思っていただければそれで合格です。

**次にニーズが顕在化していない状態への対応ですが、これにはニール・ラッカム氏が提唱するSPINというヒアリングメソッドが効果的です。**

SPINとは4つの質問を使って潜在ニーズを顕在化させる方法で、「状況質問」「問題質問」「示唆質問」「解決質問」で構成されています。

**まずは、お客様の状況をヒアリングする状況質問です。**ポイントは「事前に調べてわかることは聞かずに質問を少なくすること」です。この質問が多いと尋問のようになってしまいますし、お客様が疲弊してしまいます。しっかりとした仮説を立てられるほど情報収集していれば、その懸念点を問題なくクリアできると思います。

**次にお客様の不完全な状況を確認する問題質問を行います。**具体的には「○○を使っていないということは、検索に時間を要してお客様をお待たせしている、ということはありませんか？」という質問です。これでお客様の問題の所在が明らかになりますので、インサイドセールスとしてはここで「でしたらぜひ一度詳細にお話を伺え

## SPINモデル

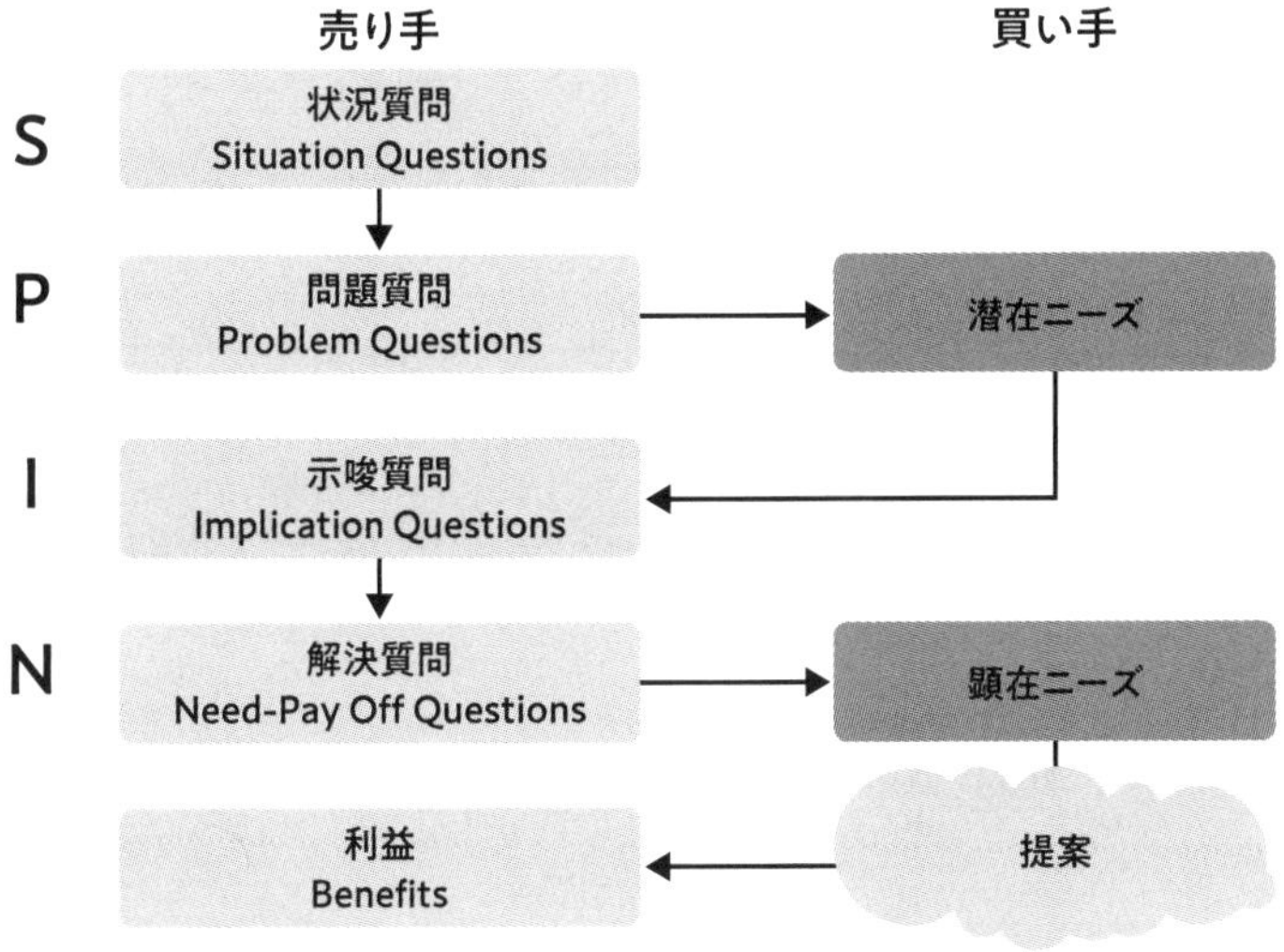


出所：『大型商談を成約に導く「SPIN」営業術』（海と月社）を参考に著者作成。

る機会をいただけませんか？　おそらく課題を解決できると思いますので」と日程打診を行っても問題ありません。

もしそれでも商談獲得が難しい場合は、示唆質問に移行します。**示唆質問とは「問題の影響範囲を拡大し、課題に対する価値観を変える質問」です。**お客様が問題は認識しているがそこまで大きな問題ではない、もしくは今すぐに解決すべきではないと捉えている状態を変えるために使用します。

「お客様の待機時間が長いとどんなデメリットがありますか？」という具体化する質問や「待機時間が長く途中離脱が発生すると顧客満足度が下がり

ませんか？　それによって解約率は上がりませんか？」という関連性を用いて影響を拡大する質問、「この状況が続くと1年後には顧客満足度はどうなっていると思われますか？」という時間軸を使った影響を測る質問があります。

ここで合意できれば高い確率で商談を設定することが可能だと思いますが、示唆質問の精度が低い、視点が少ないことによって合意を取れない場合、逆に「大した問題ではない」とお客様が認識してしまう可能性がありますので十分に注意してください。

**最後に解決質問です。**問題解決によって得られるメリットはその解決だけではありません。様々な副次的効果があるはずです。副次的効果はお客様のほうがより多く、具体的に想像することができます。「この問題が解決した場合、どんなメリットがありますか？」という質問をしますが、解決質問も「具体化」「他への影響」などを聞いていくことで、メリットをより具体的にお客様に認識してもらえます。

このＳＰＩＮの前提になるのが自社製品と訴求点の理解ですが、それについては本章の最後で後述します。

## そもそも対象部門ではないリードには「紹介」で対応する

温度感の低いリードのもう1つのパターンである「対象部門ではないリード」につ

いてですが、このリードに対する対応は非常にシンプルです。**それは「該当の部門を紹介してもらう」ということです。**

例えば営業支援システムを扱っている企業の場合、メインターゲットとなるのは営業部門、その部門長、もしくは経営層になります。そこへ総務部から資料ダウンロードのリードが入ったとします。多くの場合「フォローしない」もしくは「連絡はしてみるが検討していなければフォロー終了」としていると思います。

ここが大きな間違いです。成果を出しているインサイドセールスは、シンプルに「弊社の営業支援システムの資料を営業部門の方にお送りしたいのですが、どなたかご紹介いただけませんか？」とお伝えします。

そのままご紹介いただけず「では担当に私から転送しますのでメールで送ってください」と言われることがあります。その場合はメールにダウンロード用のリンクを張れば閲覧者からリードが流入しますので、そのあとにフォローしてください。もしくはダウンロードの履歴がわかる各種の仕組みを使って送信してください。「そんな都合よく紹介してくれない」という方は「お客様から信用されていない」もしくは「紹介依頼を複数回したことがない」のどちらかだと思います。

たとえご紹介いただけなくてもお客様の頭の中にその情報は残りますので、紹介のタイミングがくる可能性を考え、そのあとも丁寧にコミュニケーションを続けてください。こういった積み重ねが優秀なSDRとそうではない方の差につながります。

## トッププレイヤーに共通する考え方

積み重ねが大切という話をしましたが、もう少し具体的に解説していきます。まず前提としてどんなに温度感の高いリードでも50~70%は商談に至りません。それは「今はニーズがない」「自社の製品では解決できないニーズだった」などの理由がありますが、一定数は「ニーズもあるが今ではない」というリードが存在します。

また、時間の経過でニーズが変化することを加味すると、これからのリードはすべてタイミングさえ合えば商談が可能なリードということになります。つまりお客様と継続的なコミュニケーションが取れればいつかは商談獲得につながるのです。

**そこで必要な考え方が「ワーストケース」です。**多くの営業、そしてインサイドセールスが「ベストケースだけ」考えて架電しています。ベストケースとは「解決すべき課題があり、商談する機会を提供してくださる」という状況です。

しかし前述の通り、半分以上がそうならないリードです。それにもかかわらずほとんどの方がワーストケースの準備をしていません。こういった行動を繰り返していると「架電先がない」「リストが枯渇した」という状況に陥ります。そうならないためにもワーストケースを想定して行動することが重要です。

**ワーストケースの対応例**

- お客様がダウンロードした資料と類似するコンテンツを準備しておく
- お客様と同業種の事例を準備しておく
- （自社のことを理解していない場合）会社紹介資料を準備しておく
- （製品のことを理解していない場合）製品紹介資料を準備しておく
- お客様が参加された、もしくは興味に合いそうなイベント案内を準備しておく

ポイントはお客様の興味のありそうな内容だけ（資料1〜2枚分）に絞ることです。そして資料送付やイベント案内を繰り返しながらお客様の理解と関係性の構築を行います。**関係性は「接触回数×内容の質」によって醸成されていきますので回数も重要です。**

1度の電話で商談を決めなければいけないわけでもなく、時間の制限もありませ

ん。それよりもお客様にとって信頼できる人間になること、そして最適なタイミングで商談として営業に引き継ぐことがインサイドセールスの介在価値です。逆にマイナスな行動が続けば「接触回数×ネガティブな内容」となり、関係性はマイナスへと進んでいきますので、お客様が本当に不要ということであれば身を引くことも大切です。活動面積が広く、ワーストケースを想定してコミュニケーションができているインサイドセールスはクレームも少なく、商談もコンスタントに提供でき、商談化率や成約率も高い傾向にあります。

しかしすべてのお客様に1件1件個別の対応を行っていると生産性が下がってしまうというデメリットがあります。

それを解消するために必要なのが徹底的な準備です。例えば資料やイベント案内などは基本的にメールテンプレートを準備しておきます。各種資料に合わせたもの、事例、イベントなどをそれぞれ記載したメールテンプレートを作成し、すぐにお送りできるようにしておきます。また、特定業界向けの資料や事例のセットなども効果的です。**インサイドセールスの生産性を左右するものの1つに「ACW（アフターコールワーク）」というものがあります。**これは電話を切ってから次の電話に出るまでの作業を指すコールセンター用語なのですが、インサイドセールスも同様です。お客様からヒアリングした情報の入力、次のアクションの設定とカレンダー登録、そしてメールでの資料送付などがACWにあたります。

この時間をどれだけ短くできるかが、生産性を上げる重要なポイントになります。ワーストケースへの対応は想定だけでは不十分です。メールテンプレートや定型文の辞書登録などのオペレーションがセットになって初めて運用可能となります。準備に時間は必要ですが、実現する難易度はかなり低く、長期的に効果を発揮できますのでインサイドセールスの方であればぜひ明日から実践してください。

## 企業と個人を分けて考える

繰り返しになりますが、問い合わせしてきてくださった方の意向が企業の意向と同じであるとは限りません。とくにSDRはインバウンド対応がメインのためターゲット企業をリスト化していない企業がほとんどだと思います。するとどうしてもリードとして相対した担当者の情報が判断材料になってしまいます。

ここまでは一般的な「ターゲット企業ではあるが温度感の低いリード」について解説してきましたが、同様に注意したい「ターゲット企業ではないが熱いリードの場合」について人材採用サービスを例に解説します。

**A社の佐藤さんからの問い合わせ**

採用活動はここ数年していない企業で現在もとくに求人は出していない。しかし担当者としては採用を数年以内に再開するべきだと個人的に思っていて、その際は当社のサービスを利用したいと思っている

**B社の鈴木さんからの問い合わせ**

年間20名ほどの募集をここ数年行っていて、採用も大きく失敗はしていない。大きな課題はないが、情報収集は常にしている。現在のサービスでも満足しているのですぐに新しいものを契約する気はない。なにか良いものがあれば情報が欲しい程度の温度感

皆さんが営業担当者だとしたら、どちらの商談に行きたいですか？　B社の鈴木さんを選ぶ人のほうが多いと思います。いかに担当者の温度感が高くても、採用していない企業が成約する可能性はありませんよね。

しかしSDRはA社のリードを追いかけ、商談を設定してしまうことがあります。**このような失敗は「SDRが未熟な場合」もしくは「ターゲット企業の条件が明確に定まっていない場合」に起こります。**ターゲット企業の条件やパス条件が定まっていればある程度は回避できますが、SDRが未熟な場合は回避できません。それは企業と個人を分けて考えることができていないからです。思考の中で「リード＝企業」という判断をしてしまっていることで、担当者の1人が「興味ない」と言えばその企業が「見込みなし」と判断され、担当者が「興味あり」と答えれば「見込みあり」として商談機会を獲得しようとします。

いかに温度感が高くても成約に結びつかない商談は供給せず、担当者の温度感が低かったとしてもターゲット企業の商談を届けるのがインサイドセールスの仕事であり、介在価値を発揮すべきところです。優秀なSDRはここを理解しているため、商談数はもちろんですが、商談化数や成約数に差が生まれるのです。

**つまり、ターゲット企業を営業に渡すのがインサイドセールスの仕事、ターゲット企業であればどんなに温度感が低くても商談を前に進めるのが営業の仕事です。**

## 成果が上がるコールリストの作り方

ＳＤＲは基本インバウンド対応ですが、マーケティングの施策や市場の変化によって思ったような数のリードが入ってこない場合があります。組織全体で商談が足りない場合には過去の失注や、古いリードをリスト化し、そこから商談を生み出さなければなりません。そのようなときにどんな条件でリストを作成すべきかをご紹介します。

### ハウスリスト

①失注商談（商談機会なしと他決を除き、失注日が1年以上前のリスト）
②失注商談（従業員数が30名以下で商談機会なし、失注日が1年以上前のリスト）
③リード役職者リスト（役職に「長」「役」「ー（カタカナの伸ばし棒）」を含むリスト）
④保有商談が少ない営業、営業チームのテリトリーリスト（住所や企業規模）
⑤時事ネタに合わせたリスト（法改正、業界特需）

**失注商談は2つに分けられます。**

まず、失注商談（商談機会なしと他決を除き、失注日が1年以上前のリスト）は王道のリストですが、失注の状況から「商談機会なし」を除きます。「商談機会なし」はターゲット外の可能性が高く、再度商談化する可能性が低いためです。そして「直近での他決」も成約が難しいため除きます。

そのうえで失注日が1年以上前のもので作成すると「見込みはあるが成約に至らなかった商談」を抽出することができます。可能であれば課題が特定できている商談が望ましいです。

一方、失注商談（従業員数が30名以下で商談機会なし、失注日が1年以上前のリスト）は、主に成長企業をターゲットにしたリストです。商談時はまだ資金的に余裕がなく、製品導入できなかった、もしくは採用コストをかけられなかった企業に再度アプローチすることで状況の変化によっては成約が見込めます。

**リード役職者リスト（役職名に「長」「役」「ー（カタカナの伸ばし棒）」のいずれかを含むリスト）は、商談を進めるうえで必要不可欠です。**役職者にアプローチするために、リード情報の役職欄に注目し、「長」「役」「ー（カタカナの伸ばし棒）」の文字を含むリストを抽出します。すると「社長、部長、課長、マネージャー、ディレクター」などの役職者リードを抽出することができます。もしこの条件で他の役職が出てくる場合はその文字を除く、という条件をつけることで除外できます。

**保有商談が少ない営業、営業チームのテリトリーリスト**（住所や企業規模）**は、保有商談の少ない営業に商談を供給するために必要です。**メリットは、商談1件1件に準備や対策の時間を割けるので商談のクオリティが上がり、商談が進みやすいことです。さらに、大量に商談を保有している営業への商談供給が抑えられるため、全体の商談品質が向上します。

**時事ネタに合わせたリスト**（法改正、業界特需）**は、規制緩和や法改正による需要の発生に敏感に反応するため、即座にリスト化する必要があります。**自社の企業データベースに業種が入っていればそれでリスト化することが可能ですが、もし入っていなければ社名でリスト化します。病院であれば「医療、院、クリニック、歯科、耳鼻科、内科、整形」など、建設業であれば「ハウス、工務店、工業、ホーム、組」などの文字が入る企業名でリスト化することが可能です。

ここまでは自社のハウスリストでリスト化する場合の例ですが、もし自社のデータベースにあまり企業情報が入っていない、もしくは受注傾向からリストを作成したいという場合は次のようなサービスを活用することでその工数を節約することが可能です。

**外部データベース**

①FORCAS（受注データから受注企業と相関のある企業をリストアップ）
②START UP DB（業種や資金調達額、調達日で検索やソートが可能）
③Musubu（企業情報だけでなく受注や傾向分析が可能。一部無償機能あり）
※詳しくは巻末付録をご覧ください。

## ウェビナーの導入による変化

SDRはセミナーやイベントを活用して温度感を高めていく必要がありますが、2020年は新型コロナウイルスの影響もあり、オフラインイベントがほぼウェビナーに変わりました。

オンライン化のメリットは参加が容易になり、参加者数が大幅に増えたことです。参加者側が気軽に情報収集できるようになったことで、その活用の幅が広がりました。**ウェビナーをSDRが活用する際のポイントは、大きく分けて次の3つです。**

1つ目はお客様に最適なイベントを案内するためにウェビナーを前提とした情報収集を行うこと、2つ目はウェビナーの前後に必ずフォローすること、3つ目はお客様からのフィードバックをマーケティング部門に引き継ぐことで内容を進化させていくことです。

1つ目の情報収集については、これまでのようなお客様の興味や関心事のヒアリングだけでは不十分です。そこに加えて**「参加しやすい時間帯」をヒアリングすることが重要です。**

ウェビナーの開催時間帯は大きく5つに分類されます。午前、ランチタイム、午後13時〜16時、夕方16時〜18時、夜19時以降と分かれています。これまではランチタイムや19時以降のセミナーはほぼありませんでした。しかしウェビナーになったことにより、こういった時間帯にできるようになったことで新しい時間帯が生まれました。

運営が簡単になり、本数を増やすことができるようになったため、同じ内容を複数回開催することも増えてきました。そこで重要なのがお客様の参加希望時間を把握しているかどうかです。この時間帯を把握することができていればピンポイントにイベントを案内できるため、無駄なアクションを減らすことができます。

また、ウェビナーの特徴として直前申し込みが増えたことが挙げられます。今までは1週間以上前の申し込みが多かったのですが、気軽に参加できるので「そのときに空いていたら参加する」という方が増えたために集客メールや広告のタイミングを各社直前に調整しています。**SDRがお客様の興味と参加可能時間を把握していれば直前にご連絡し、参加を促すことが可能になります。**

2つ目はウェビナー前後のフォローです。ウェビナーはオフィス、もしくは自宅から参加しますので直前まで他のスケジュールを入れることが可能です。しかしその影響で時間を過ぎてしまう、失念してしまう、ダブルブッキングして不参加となってしまうという事象が発生しています。

**当日、ないしは前日にイベント事務局ではなくSDRから直接ご連絡し、参加を促すことで参加率が高まります**し、もし仮に不参加となった場合も次回の日程をお伝えし、必要であればお申し込み予約をいただきましょう。また、オフラインであれば会場まで足を運び、終了後にご挨拶ができましたが、ウェビナーではできませんので、事前に「終了後に5分ほどオンラインで質疑応答の時間を設定させていただきましたのでもしご不明点がございましたらその時間でお申し付けください」とお伝えし、時間を確保しておくことがポイントです。

3つ目のマーケティング部門へのフィードバックですが、ウェビナーになり開催頻度が増えたことで改善のスピードが圧倒的に早くなりました。

ウェビナーは参加が手軽な分、離脱も容易です。今まであれば会場までご来場いただいた方が途中で席を立たれるというのはそこまで多くはありませんでした。

しかし、ウェビナーは出入りがかなり激しく、目的に沿わない、単純に面白くないと判断するとすぐに離脱されてしまいます。まるでTV番組のチャンネルを変更する感覚で離脱されてしまうので、コンテンツ内容に対する評価はこれまで以上に改善しながら進化させることが求められています。

**インサイドセールスがお客様の反応や参加後の生の声を正しく、正確にマーケティング部門に伝達して改善していくことで参加率と満足度の高いウェビナーへと進化していくことができます。**

これまではマーケティング部門からコンテンツを提供されていましたが、これからはマーケティング部門と共にコンテンツを作っていく時代になります。その第一歩としてウェビナーを一緒に作り、改善していくことが中長期の商談獲得に確実につながっていくのです。

# 2 BDRの大手企業向けテクニック

## 大手開拓に欠かせない存在を理解する

中小規模の企業の場合は利用者と決裁者が同一であることも多く、とくに大きな対立構造は生まれにくいのですが、大手企業を開拓する場合はそれぞれの役割の人物を見極めてフォローしながら商談を進める必要があります。BDRも例外ではなく、営業との打ち合わせにおいてはどの役割の人物に会いに行く必要があるのかを明確に合意し、商談の支援を進めていく必要があります。**大手企業開拓に関わる人物のカテゴリは「①利用者」「②決裁者」「③支援者」「④対立者」「⑤技術者（情報システム部等）」に分けられます。**

まず、製品の利用者（ユーザー）がいます。商談を進めるうえでユーザーの声は絶対に無視できません。大手企業になると上層部はほぼ現場の詳細なオペレーションや課題を把握できていないケースが多く、ユーザーへのヒアリングを通して詳細を確認する必要があります。

大手企業の場合は決裁額に応じて決裁者が変わる場合がほとんどですので、まずは決裁者を把握するところからスタートします。また、決裁額が大きくなり担当者の決裁から離れて役員会や取締役会での承認となる場合もあります。その場合は決議の方法を確認しましょう。合議なのか、代表が決裁するのか等です。

支援者は自社の商談を支援してくれるキーパーソンで、大型商談には欠かせない存在です。様々条件がありますが、代表的なものを左上図でご紹介します。ポイントは自社の製品を推奨してくださるということだけではなく、決裁者との関係性や過去の実績も関係するということです。支援者に対してはコミュニケーションの頻度を高め、より詳細に自社サービスのメリットや優位点をお伝えするべきです。

**大型商談の際に対立者となる方がいますので「今回の商談にネガティブな方はいません」という営業からの報告があっても疑ってください。**競合製品を推奨される方、

## 支援者を見極めるためのチェックリスト

- □ 決裁者に進言できる
- □ 決裁者と面会する機会を作れる
- □ 今回の商談の成立が自身の利益になる
- □ 過去に同様のプロジェクトを推進した経験がある
- □ 競合他社の情報を共有してくれる
- □ 社内情勢に詳しい
- □ 自社の製品を推奨してくれている

そもそも契約にネガティブな方などがいるはずです。必ず把握し、コミュニケーションをしておくことが重要です。賛同者になる可能性は低くてもネガティブだからと避けてはいけません。それは多くの製品が導入後から活用までが本番だからです。

もし仮にネガティブな方を避けて導入できたとしてもその後の定着や活用には不安を残します。なぜ反対なのか、なにが不安材料なのかをお伺いし、事前に解決可能なものについてはしっかりと対応すべきです。

中小規模の企業であればトップダウンで決めて動くということもあり、トップも現場の状況を把握できていますが、大手企業はそうはいきません。本質的なお客様の成功を目指すのであれば対立者とのコミュニケーションが必須と言えます。

**どんなサービスでも導入に際しては情報システム部門等の技術者との連携は避けて通れません。**企業規模が大きくなればなるほどセキュリティチェックに時間を要することが増えてきます。商談後期にそれが判明すると思わぬ遅れが発生しますので、商談中期にはコミュニケーションをしておくべきです。また、齟齬《そご》を生まないためにも、できるだけ直接コンタクトできるようにしておきましょう。

## 効果的なC×Oレターの書き方

**大手企業にはいきなりアウトバウンドで電話するよりも、C×Oレターのほうが遥かに商談取得率が高く、外資系企業からスタートアップ、ベンチャー企業まで幅広く活用されています。**

ここではその書き方について解説していきます。まず用紙ですが、紙と封筒は高級感のある和紙を使用します。その中に文字を書いていくのですが、私が複数企業に伺った傾向では「明朝体での印刷」と「毛筆での手書き」での手紙からの商談獲得に

## CxOレターのサンプル

○○株式会社
代表取締役社長
○○ 様

令和×年×月×日

①
株式会社○○
代表取締役
○○ ○○

② **ご面会のお願い**

③
拝啓　貴社、益々ご清栄のこととお慶び申し上げます。
この度の貴社の中期経営計画を拝見し「主力である○○の海外展開によって新たな事業の柱を3年で構築する」という旨を拝見し、海外事業を統括されている○○様にご面会の機会を頂戴したくお手紙をお送りいたしました。

④
とくに、**海外展開における必要人材の確保、採用コストの低減**といった観点で、弊社実績よりお役に立てる情報をご提供できると考えております。

⑤
弊社は世界で10万社以上のお客様に利用いただいており、採用から人事制度の策定、人員の最適配置や活躍人材の抜擢までをワンストップで提供しております。近年はサービスをクラウド化することで、○○様、○○様と上場企業から新進気鋭の企業まで幅広くご利用頂いております。

<お客様活用事例>

⑥
■ ○○様
“**営業管理で行っていたPDCAサイクル**”を採用部門で実現
・事業の急拡大、そして上場に耐えうる採用体制の構築を実現
・データドリブンなPDCAサイクルの構築による採用課題の解決と効率化を実現

■ ○○ 様
“**採用におけるマーケティングモデル**”の実現
・社内外のコミュニケーションコストを1/3に削減することに成功
・大幅に削減した工数を転換し、マーケティング視点での採用戦略を策定、実行

⑦
つきましては、上記の弊社サービスで実現している課題解決の具体事例をご案内させて頂き、貴社にどのような貢献ができるかについてディスカッションさせて頂きたいと考えております。誠に勝手ながら、担当の茂野より追ってご連絡を差し上げます。
ご多忙中とは存じますが、○○様へのご面会、もしくは貴社採用責任者の方、人事領域の責任者の方のご紹介とご面会の機会を頂戴できれば幸いに存じます。

敬具

① 先方の役職に合わせて役員名で送付する
②「情報交換のお願い」は悪手。ストレートに「ご面会のお願い」とすべき
③ Why you, Why you now. で連絡した意図を記載する
④ 具体的な提案内容を記載する
⑤ 信頼を得るために具体的な実績や定量的な数値を記載する
⑥ 提案内容の実現性を証明するための事例を記載する
⑦ ネクストアクションを明確にする

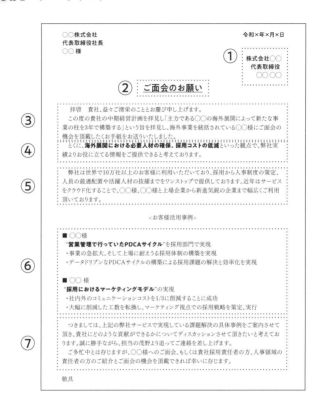

差はありませんでしたのでプリンターでの印刷でも問題ないと考えています。

役員宛てに送付する場合は自社も役員名にします。すると、本当に役員同士の面会を要望される可能性がありますので、事前に自社の役員や役職者には許可を得ておくことを推奨します。

表題についてはよく「情報交換のお願い」というものを目にしますが、ここは正直に面会のお願いとするのが最適です。ただ、お客様の業界やその将来性について本当に情報を交換できる、つまりお客様と同等の情報をお持ちの場合はその限りではありません。

**③が最も時間をかける、最も重要な部分です。**「なぜ今あなたに、なぜ今連絡しているのか」を記載します。この部分を考えるためには、業界の動向、企業のＷｅｂサイトはもちろん、上場企業であれば有価証券報告書などを参考にします。例えば、業績好調で新しい拠点や新規事業を立ち上げるのであれば「事業拡大に伴う安定的な労働力の確保と採用コストの低減」の提案をしたり、老舗ブランドが業績の下方修正を発表したのであれば「新しいカタチでつながる顧客とのエンゲージメント強化」を提案したりと、必然性を感じるような内容である必要があります。そのあとにそれに答える形で具体的な提案を記載します。

ここまで読んでくださっていれば少なからず興味を持たれていると思いますので、ここでようやく自社の紹介に移ります。簡潔に、そして信頼を勝ち得るための定量的な数値や実績などを記載します。「○○社に採用されている」「○○様が使っている」等です。

次に事例を示します。可能であれば提案内容を実現可能であると証明できるような類似事例が効果的です。最後にネクストアクションを明確にして完成です。

**CxOレターは基本的には1社1社個別に作成し、送付しますが、場合によっては業界向けにフォーマットを作り一斉に送付する手法もあります。**その場合は効果の観点からかなり強いトレンドが発生している場合に限ります。例えば「インバウンド需要で観光業が活況である」や「外食小売産業が人手不足である」など、ポジティブ、ネガティブは問いませんが、そういった状況でないと一斉に送信するマスメールと大差なくなってしまい、効果も薄いので十分に注意してください。

## どのように秘書に協力してもらうか

CxOレターを送付後は主に架電でフォローしますが、多くの場合秘書につながり

秘書の仕事

ます。秘書の方に協力してもらえない限りは責任者と会話することはできません。そのためにはまず秘書の仕事や役割に沿ったコミュニケーションをすることが重要です。

上図のように秘書の方の業務内容は様々で、①から④は必須、⑤と⑥については企業によって様々です。④については「きた連絡はすべて断る」「必要なものだけを選別して取り次ぐ」「すべて取り次ぐ」という種類に分かれますが、大手になるほど「必要なものだけを選別して取り次ぐ」の割合が多くなります。

例えば大手商社の役員秘書ともなるとスケジュールはもちろん、掲載されたメディアと内容、今後の登壇予定、登壇可否のガイドライン、そして取り次ぐべき問い合わせを選別するためにヒアリングまで実施します。そのレベルは通常の法人営業レベル、知識量で言えばそれを凌駕する方もいます。ですからまずは秘書のペルソナを想定し、最適なアプローチを選択する必要があります。

**内容の選別を秘書が行う場合（大手企業の役員秘書の場合）、ストレートに提案内容を伝えます。**もちろんただ「営業がしたい」とお伝えしても取り次いではもらえません。CxOレターに記載した内容をしっかりと伝え、いかにこの提案がその企業にとって重要なものか、利益を生み出すものかを理解していただく必要があります。

また、秘書は「役員に取り次ぐにふさわしい相手かどうか」を見極めにきますので、声のトーンは低く、落ち着いた印象を与える必要があります。結論から先に述べ、要点を絞って伝えるように強く意識してください。あなたが話している相手は先方役員の代理、つまりその役員と話している意識を持つことが重要です。メールも然り、会話の端々まで細心の注意を払ってください。

**伝達する内容を選定しない秘書の方には「内容を確実に伝達してもらう」「その結**

**果を教えてもらう」という2つに注力します。**私の経験上、どんな話をしても「ではそう伝えますので、必要であればこちらからご連絡します」という回答がほとんどだからです。確実に伝達してもらうには「手紙を渡してもらう」ことが最も単純ですが、営業の手紙はすべて破棄するという企業もありますので「いかにこの手紙が重要か」を伝える工夫が必要です。

**「今回の手紙は貴社のこれからに大きく影響する内容です。業界全体が変革期を迎えている中で我々のご提案内容は聞いていただくだけでも十分価値があると自負しております。ですから確実にお渡しいただきたく、くれぐれも処分なさいませんようにお願いいたします」**

もちろん提案内容に嘘があってはいけませんし、役員提案に満たないものでもいけません。しかしそれ相応の自信があればしっかりとその意図を伝えるべきです。

**次に結果を教えてもらう方法ですが、それには「自分が役員の代理である旨」をお伝えしましょう。**これも一例ですが「私は弊社役員の代理でご連絡しており、私自身も結果を報告せねばなりません。役員の◯◯様はご多忙とは存じますが、秘書の◯◯

様よりお読みいただけたかどうか、一言ご確認願えませんでしょうか？」というようにいち営業からのアプローチではなく、法人対法人、そして役員から役員への連絡である旨をお伝えし、その重要性をご理解いただくことが重要です。

**パターンを分けて解説しましたが、共通するポイントもあります。**それは秘書の方への感謝を伝えることです。多忙な中でこちら都合の連絡をしている点、場合によっては伝達や確認をお願いする点など、業務として当然という感覚ではなく、対応に関する感謝を伝えることが必要です。そのためにもお名前をお伺いし、必ず相手を名前でお呼びし、複数回の連絡であれば架電時の最初と最後、メールであれば冒頭に必ずお礼を入れてください。

こういったコミュニケーションを複数回重ねることで、信頼関係が生まれ、稀に強力な味方になってくださる場合があります。スケジュールや人となりまで把握している方ですので、より精度の高い提案をピンポイントに実現することができます。これは通常の架電でもそうですが、あなたがもし「ないがしろにされている」と感じたなら、それはあなたもお客様の窓口担当者を「ないがしろにしている」ということです。

## ＢＤＲが活用すべきイベント

ＳＤＲの場合は多くがマーケティング部門の先導によってイベントを開催、出展していきますが、ＢＤＲはマーケティング部門と共同でイベントの企画から運営までを行います。ここでは私がこれまで実践してきた中でおすすめのイベントを紹介します。

①少人数で実施する著名な方をお呼びしたセミナーや勉強会
②朝食を食べながらの勉強会
③会食とセットになっているセミナー

**抽選制で実施するセミナーには普段話が聞けないような著名な方をお呼びします。**有名企業の部門長や役員はもちろん、有償セミナーを開催するような著名人にご登壇いただきます。もちろん講演料が必要になりますが、商談単価の大きなＢＤＲであれば投資に見合った効果が期待できます。

少人数にする意図は限られた時間の中で密度の濃い時間を過ごしていただき、特別感を演出するためです。実際に少人数であれば質疑も可能ですし、場合によっては箇単なワークショップを実施することも可能です。もちろん今までお会いできなかった方とのコミュニケーションが目的の1つですが、関係を一気に構築することも同時に実現します。

朝食を食べながらの勉強会は、エグゼクティブブレックファーストと呼ぶこともあります。**名前の通り、社長や役員を朝早く、具体的には朝7時～8時を目安にホテルの会議室やレストランにお呼びし、セミナーや勉強会を実施します。**早朝である理由は重役が非常に多忙であり、日中に移動時間をかけてお集まりいただくのが困難なためです。朝食であれば終了後に出社することが可能であり、スケジュール調整が他の時間に比べて容易です。

参加される方のメリットをもう1つ作るために業界や業種を揃えることも大切です。例えば普段は交流がない同じ商圏、同業界、異業界の同業種（小売だが家電とドラッグストア等）です。もちろん主催者の用意したコンテンツが価値あるものであることが前提ですが、副次的な効果としてネットワーキングとしてもご利用ください、と訴求することで参加のハードルをさらに下げることが可能です。

朝食会のご案内は企業の役職者が直接ご案内状を持参し、依頼することが最も効果的です。この施策はまだ商談経験がない企業、ではなく、すでに商談中だがキーパーソンに会えておらず滞留している商談に有効です。BDRは新規の商談だけではなく、滞留商談の支援もしますのでこういった施策をマーケティング部門と企画し、実行することが求められます。なお、各テーブルには1人以上の社員を同席させてください。

テーブル内でのアイスブレイク、参加者のご紹介、そして会話の中から提案のヒントがあればヒアリングするためです。ただあくまでも参加者の満足度が重要ですので、営業色を出さないように注意してください。

**主に既存契約の企業を招いて行う夕食会（エグゼクティブディナー）は既存契約企業の事例紹介などを通して関係性の強化や活用のさらなる促進とクロスセルやアップセルに効果的な施策です。**仕立ては朝食会と同様ですが、相違点は時間です。朝食会が1時間なのに対し、夕食会は2時間を基本とします。ゆっくりとコース料理を楽しみながら関係性を深め、新しい情報のインプットとお客様の最新情報を収集し、追加提案のきっかけを作ります。

ユーザー会やユーザーコミュニティが「広範囲に伝播させるもの」だとするならば夕食会は「限定された範囲と深くつながる会」というイメージです。ここでも同様にテーブル内には社員が同席し、ファシリテーションとヒアリングを行います。企業の事例紹介やお客様同士の交流がありますので朝食会と同様にホテルの会場やレストランが最適です。

SDRのテクニックで紹介したように、ウェビナーはもちろんですが、こういったリアルイベントこそ、イベントの前後で時間をもらい、個別に話せる時間を作りましょう。

**BDRは社内の様々な方にアプローチする特性上、社内の別の誰かを紹介してもらう必要があります。**そのためにも「顔がわかっている」「直接会ったことがある」という点はお客様の安心感を高め、紹介のハードルを下げてくれます。意向の確認や商談機会の獲得はもちろんですが、信頼関係構築のためにもイベント前後のフォローは必須です。

## 明確化したターゲットに最適なコンテンツを届ける

このようなBDRの動きをABMと言いますが、ABMとただのアウトバウンドの違いは「ターゲット企業に対して最適なチャネルの選定と専用コンテンツを準備する」という点です。ただ単にターゲットリストを作成し、アウトバウンドしたりCxOレターをお送りしたりするだけではなく、最適なコンテンツを用意する必要があります。

新規の商談獲得、滞留商談へのアプローチ、クロスセル・アップセル商談の獲得×業種業態、商圏、企業規模などで分類したイベントや読み物系コンテンツが必要になりますが、そのすべてをマーケティング部門主導で構築するのは不可能です。ですからBDRが率先してその役割を担い、積極的に起案と実行支援をすることでABMはその効果を最大限発揮します。

## IR情報を読む

上場企業をターゲティングするためにIR情報を読むことは必須ですが、非上場企業の場合でも同業種、同業界へのアプローチのためには必須のスキルです。

ここでは簡単にIR情報について触れておきますので、BDRはIR情報の概要と読み方を習得してください。

**もしアニュアルレポートがあれば状況を理解しやすいのでここから始めることをおすすめします。**

アニュアルレポート（Annual Report）とは、年次報告書、統合報告書のことで、企業が任意で発行している経営内容についての総合的な情報を掲載した冊子を指します。法律で定められた決算短信や有価証券報告書とは異なり、社長のメッセージや企業理念、事業戦略、CSRへの取り組みや社員の動向など、様々な要素を自由に盛り込めるため、長期投資で重要となる経営者の考え方や企業のビジョン、社風などの「数字では見えない資産」を把握することができます。もともとは主にグローバル企業が海外の投資家を獲得するために英語版を発行していましたが、近年国内の新規投資家を獲得するために日本版を発行するケースも増えています。

優秀なBDRは営業と財務観点からターゲティングを行い、戦略を練ることもありますし、長期的に同じ企業を担当する場合に経年で財務諸表を読み解くことが必要となります。加えてCFOとの商談においては財務三表から経営状況を読み取ることが必須となります。

**決算短信とは、企業の決算発表の内容をまとめた書類のことです。**数値面から企業の状況を知ることができる有価証券報告書は、決算の3か月以上後にしか発表されず決算結果などをなるべく早く投資家へ知らせるために、証券取引所が各上場企業に対して決算短信の作成を要請し、各企業が作成したあと、決算の1～2か月後に証券取引所やメディアに発表されます。

決算短信は、正式な決算発表ではないため、推測の部分も含まれていますが、投資を行う際の大きな参考資料の1つとなっています。日本は3月決算の企業が多いため、4月～5月にかけて多くの決算短信が発表されます。

**最低限確認すべきポイントは有価証券報告書に記載の「主要な経営指標の推移」「対処すべき課題」「事業等リスク」です。**「主要な経営指標の推移」からは従業員の増減や分布の情報、「対処すべき課題」「事業等リスク」からは現在と未来への課題認識と対処についての情報を読み取ります。最低限これらを押さえておけば、新規商談獲得における仮説の構築や、必要とする情報を知ることが可能です。

有価証券報告書とは、投資家が十分な投資判断ができるよう企業情報が盛り込まれ、開示されたものです。主に「企業の概況」、「事業の状況」、そして財務状態や経営成績などを示す連結財務諸表等が記載された「経理の状況」などから構成されます。有価証券報告書は、提出会社の本店または主要な支店、財務局、日本証券業協会、証券取引所で閲覧できます。（＊）

＊引用：グロービス経営大学院の用語集
https://mba.globis.ac.jp/about_mba/glossary/detail-12493.html

# 3 SDRとBDRに共通するテクニック

SDR、BDRそれぞれのポイントを紹介してきましたが、ここでは共通するテクニックを紹介します。非常に基礎的な内容ですが、全員が満足に実践できている組織は極めて稀ではないでしょうか。振り返りを兼ねてお読みいただき、ぜひ一度立ち止まって見直してみてください。

## ページング

会話において重要なことは違和感やストレスを与えないコミュニケーションを実現することです。

**まずページングですが、これは相手との発話速度**（以後、話速）**を揃えることです。**誰かと会話しているときに「この人は話すのがゆっくりだな」と感じればそれはあなたよりもその方の話速が遅いからそう感じるのです。逆に速く感じる場合はあなたよりも速い速度で話しているためにそう感じます。

これは違和感になるだけではなく話速と脳の処理速度は相関すると言われています。つまり、早口で会話の展開が早いお客様とは同等の話速で会話することが会話を円滑に進めるうえで重要ということです。ただし、話速は会話の中で変化します。つまり苦手な話題では話速が緩み、確認を求められることもありますので、常にペーシングを意識し、違和感のないコミュニケーションを実現することが求められます。

また、ペーシングには声の高低、声色や喜怒哀楽なども含まれます。全体的な話し方や感情を近づけることで不信突破の環境を整えていきます。ペーシングは非言語コミュニケーションですので話の中身に対する評価だけではなく、深層心理の安心感に影響を与えます。またバックトラッキングという相手の言葉を引用して繰り返す手法も効果的ですが、これは単体で利用するよりもこのあとに紹介するSPINをベースにしたヒアリングフレームのCLIP&PAPERに沿って活用することをおすすめします。

## ラポール

信頼関係構築の土台ができたらラポール形成に入っていきます。**本書で言うラポールとは「お客様に信頼されていてヒアリングが可能な状態」を指しています。**つまりお客様に信頼されている状態を作り出すことがゴールとなります。信頼をもう少し砕いて言うと「自分のこと、自分の会社のことを理解している」「この領域のプロである」という2つの感情が揃った場合に信頼されている＝ヒアリングに応えてもらえる状態です。

**そのために必要なことは「共通言語を使う」「仮説を持っている」「立証するための事例がある」この3点です。**事例は必須ではありませんが、あればとても効果的です。

まずは共通言語についてですが、これはお客様の業界用語が一般的です。コールセンターであれば「SV」や「アバンダン」「ACW」「1次解決率」「IVR」などです。もしくはその企業独自の言葉、例えばミッションやビジョン、社是、や製品名です。小売業などは隠語なども多用するため会話の中でそういった言葉を使う、製品を品番で呼ぶなどして共通言語を使って会話していきます。

そしてラポール形成に最も寄与するのが仮説です。レベルの高い仮説を立てることができれば「理解とプロとしての信頼」を勝ち取ることができます。仮説の立て方は複数あると思いますがここでは一例をご紹介していきます。これは主にSDRが短時間で仮説を立てるうえでの思考の癖づけを行う3C(*)をベースにしたフレームです。

*マーケティング分析の際に必要な「市場(Customer)」「競合(Competitor)」「自社(Company)」の3要素。

まずは企業軸とリードの担当者軸で情報を整理し課題を見にいきます。その後競合、そして顧客（市場）に対してどんなソリューションを提供しているのかを確認します。慣れればこの内容は10分程度で埋まりますので、全体が埋まったら企業と個人の課題を再度確認し、違和感がなければアプローチを開始します。BDRはCxOレターを書く際には仮説と提案が必須ですが、SDRのリード対応であっても仮説を立てることが必要です。

また、仮説はあてることが目的ではありません。仮説があたらなくても、ヒアリングにつなげることで課題に迫っていくことができます。

## リーディング

リーディングは文字通り会話をリードしていくことです。**インサイドセールスにおけるリーディングとはヒアリングを指します。**お客様のニーズの顕在化に向けて、ヒアリングをリードしていくという意味であり、決して言葉巧みに製品の成約を目指すものではありません。

本章1節でヒアリングの手法であるSPINをご紹介しましたが、ここではCLIP&PAPERというフレームに変えてご紹介します。

## 仮説を立てるフレームワーク①

BDR（事前調査&ヒアリングとしての活用）

| Company（顧客） | |
|---|---|
| 想定顧客： | |
| 企業：事業内容 | ○○サービス、○○の提供。ユニークポイントは○○ |
| ：事業規模 | 創業○○年、従業員○○名、売上○○円。資本金○○円（○○円調達済み） |
| ：展望 | ○月に新サービス○○をリリース。事業領域を○○に拡大？ |
| ：課題 | 事業拡大にあたり、新サービスは認知拡大フェーズにあるため、PR戦略が急務 |
| ：その他 | |
| ヒト：役職 | ○○事業部部長　○○様 |
| ：役割 | ○○の新規事業責任者。PMFからプロダクトのグロース全般を管掌 |
| ：利害関係者 | 代表取締役○○直下。○○社の○○様とつながりがある。社内の○○経由にてアプローチは可能？ |
| ：課題 | 新規事業のためヒューマンリソースが不足。予算確保が十分ではなく固定費負担が難しい |
| ：その他 | |

| Competitor（競合） | | Customer（顧客の顧客） | |
|---|---|---|---|
| 現在）想定競合： | | 現在）想定企業： | |
| 機能優位性 | 直感的なUI/UX | 業界 | ○○業界 |
| 価格優位性 | ○○円/月<br>※契約期間短期から可能 | 人/役職 | ○○部長/○○部管理職 |
| 市場占有率 | 1位　コストリーダーシップがある | 課題 | 管理工数が著しい |
| 今後）想定競合： | | 今後）想定企業： | |
| 機能優位性 | 機能が非常に充実 | 業界 | ○○業界 |
| 価格優位性 | ○○円/月 | 人/役職 | ○○部長/○○部管理職 |
| 市場占有率 | 3位 プロダクトフェーズが類似 | 課題 | 可視化できないため効果検証ができない |

提供：CINC社 玉井耕太郎

## SDR(事前調査としての活用)

例:食品会社(IRあり)

| Company(顧客) | | | |
|---|---|---|---|
| ファクター | 課題 | WCM | 現状 |
| Resource(資源) | 人手不足<br>⇒人件費高騰 | Will(やりたいこと) | 人件費の削減 |
| | | Can(できること) | 労働生産性の向上 |
| | | Must(やるべきこと) | マーケティング人材の獲得 |
| Product(商材) | 既存商品への売上依存 | Will(やりたいこと) | 既存商品のブランディング強化 |
| | | Can(できること) | SNSでのブランディング戦略 |
| | | Must(やるべきこと) | 新商品の開発・販促 |
| Competitor(競合) | | Customer(顧客の顧客) | |
| 想定競合:ハウス食品 | | 想定ペルソナ | |
| 機能優位性 | カレー市場強い | 人(組織) | 主婦層 |
| 価格優位性 | なし | 人(役職) | ー |
| 市場占有率 | シェア◯◯%、認知高い | 課題(購買心理) | 使いやすい、安心安全、安い |

例:リード獲得支援会社(IRなし)

| Company(顧客) | | | |
|---|---|---|---|
| ファクター | 課題 | WCM | 現状 |
| Resource(資源) | インバウンドがまだ少ない | Will(やりたいこと) | 経営者につながりのある人材の獲得 |
| | | Can(できること) | 調達資金でのマーケ人材の獲得 |
| | | Must(やるべきこと) | SNSへの注力からのリファラル採用 |
| Product(商材) | 仕入れにも営業が必要 | Will(やりたいこと) | バイラルでの仕入れ加速 |
| | | Can(できること) | 自社ブランドコミュニティ加速 |
| | | Must(やるべきこと) | SNSによるコミュニティマーケ |
| Competitor(競合) | | Customer(顧客の顧客) | |
| 想定競合:アポロセールス | | 想定ペルソナ | |
| 機能優位性 | アプローチの幅が広い | 人(組織) | BANTのB,A,Tで行き詰まるインサイドセールス |
| 価格優位性 | 安価 | 人(役職) | 管理責任者 |
| 市場占有率 | 高い | 課題 | 決裁者商談の獲得に苦しんでいる |

提供:CINC社 玉井耕太郎

## 訴求ポイントと想定質問のフレームワーク「CLIP&PAPER」

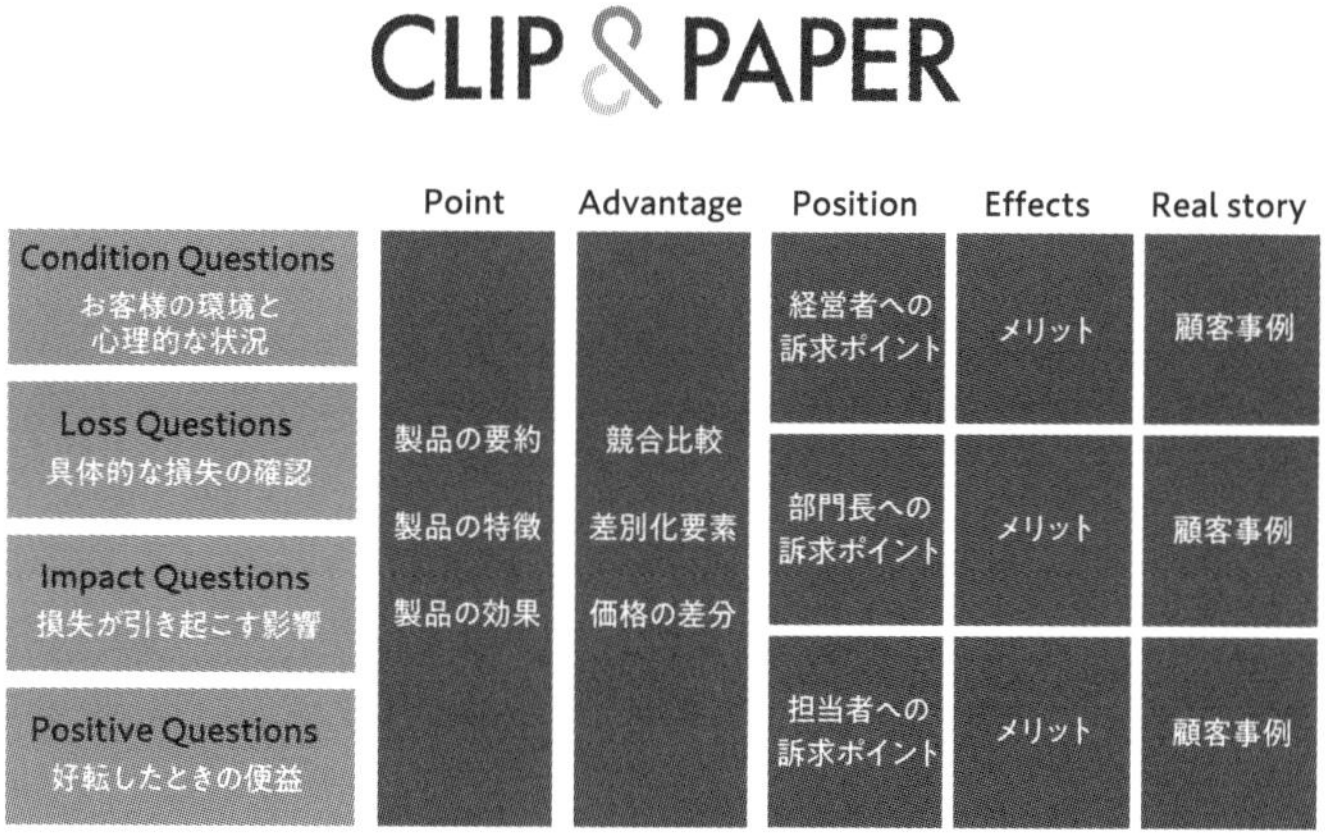


私はＳＰＩＮの認定トレーナー資格を取得するほどＳＰＩＮを使ってきましたし、開催した勉強会の数は数えきれません。**そのような私が持っていたＳＰＩＮの違和感を解消するために考案したのがCLIP&PAPERになります。**

CLIP&PAPERの説明をする前にＳＰＩＮの補足をしておきます。ＳＰＩＮはヒアリングのフレームであり、製品の特徴を理解するフレームはＦＡＢです。これはFeature, Advantage,Benefitという3つから構成され、それぞれが特徴、利点、便益を意味しています。まずＦＡＢに抜けているのが「誰に？」という点です。多くの製品、サービスでは、「提供する人によってメリットが違う」はずです。

例えば営業支援システムを提案する場合、

経営層へのメリット訴求とメンバー層へのメリット訴求の内容は変わるはずです。そこを除いて思考を始めてしまうFABに違和感を持っていたのでPAPERというフレームに変更しました。特徴は競合との差別化要素、役割ごとの訴求点、そして事例がセットになっている点です。私がSPINの研修を行った際も「これは誰をイメージしてヒアリングを考えれば良いですか？」と質問されることが多く、その都度状況をお伺いしながら回答していました。

あるとき、研修でCLIP＆PAPERをSPIN研修の一環として提供し、作成してもらったところ、約50％の方が10分以内に作成することができませんでした。個人的にはかなり意外でしたし、それだけ製品やサービスが複雑化しているのだと感じました。これは1社だけのサンプルではなく、個人的に企業から依頼を受けて実施した「覆面調査（私が架空の企業を作り、お客様になりきって電話を受ける実験的サービス）」でも多くのSDRが自社製品の理解が甘い、という結果になりました。断片的な製品情報や整理共有されていない競合比較など、ヒアリングに入る前にやるべきことが多く見つかる結果になりました。

**皆さんの企業でもインサイドセールスチームがあればぜひこのフレームをもとに10分間でどれだけ埋めることができるか試してみてください。**きっと課題が見つかるはずです。

ヒアリング部分についてですが、SPINには問題点が2つあります。

1つは言葉の意味が明確に定義されていないことで解釈が分かれ、望む効果を発揮できないことです。例えば問題質問ですが、なにがあれば問題なのかが定義されておらず、事象と課題の区別がついていません。その状態でヒアリングを進めると解決してもなんのメリットもないただの事象についてヒアリングを展開することになり、結果的に商談にはつながらない会話となってしまいます。そこでCLIPではLoss（損失）という言葉にしています。

定義は「損失、つまりビジネス上のダメージがあるもの」です。こうすることで確実にビジネスインパクトに近づくことができますので、その後のヒアリングが格段に展開しやすくなります。表でCLIPを使った質問の種類をご紹介します。

基本的な流れはSPINと同様ですが、具体的に定義したもの、そして直接的に伝わりづらかった質問の名前を再設定したものになります。このフレームワークはダウンロードデータ（14ページ参照）としてご用意しておりますので、ぜひ各社、各インサイドセールスチームにて作成してみてください。また、実践しながら磨き上げることでより精度が高くなります。

## CLIPの質問の種類

**コンディション・クエスチョン（Condition Questions）**

お客様の定量的な状況に加え、個人やメンタル面でのコンディションに言及する質問。B to Bでは目の前を疎かにしがちになる。お客様が製品検討に向けて動いているときに「個人的なメリット」があるかないかでは大きく違い、そこにこそ解決すべき課題がある

**ロス・クエスチョン（ Loss Questions ）**

具体的なビジネスインパクトやダメージがある課題をヒアリングする質問。明確なもののみ認定する。例えば「顧客管理ができていなくて困っている」というのは事象であり、課題ではないと考える。「顧客管理ができていないことでアップセルの機会損失を起こしている」まで掘り下げることができれば課題認定できる

**インパクト・クエスチョン（Impact Questions）**

より大きな隠れたインパクトを確認する質問。ダメージをより具体的にする、他部門、他事業への影響を確認する、未来への影響を確認することでインパクトを明確にする

**ポジティブ・クエスチョン（Positive Questions）**

見つけたインパクトが解決した場合のメリットを具体化する、影響範囲を広げる、自由に発想してもらうような質問。お客様の内部で起こるポジティブな変化をヒアリングしていくことで、課題解決への原動力を大きくしていくために行う

## 4　Online Salesのテクニック

２０１９年まで順調に浸透してきたオンライン商談。買い手側のお客様のデジタル化によるリテラシー向上や少ない営業リソースで売上を作らなければならないスタートアップの台頭によって徐々に浸透してきましたが大きな転換点となったのはベルフェイスの登場です。それまではオンライン会議ツールを代用してきましたが、オンライン商談専用のツールとして２０１５年ベルフェイスが登場しました。

これまでの営業を「オールド営業」と表現するＴＶＣＭも功を奏し、そのシェアを拡大した最中に新型コロナウイルスが猛威をふるい、日本でもオンライン商談化が一気に進んだのです。

オンライン商談はこれまでの訪問型営業をオンラインに置き換えるだけではなく、まったく違うノウハウが必要になりますので、ここで環境整備や事前準備などをご説明していきます。

## ①環境設定

**まず機材ですがノイズキャンセリング機能つきヘッドセットが必須アイテムとなります。**オンライン商談では電波状況や先方が複数名参加にもかかわらず専用のマイクを使用していないことなどから、相手の声が小さくて聞こえない、といった状況が発生します。何度も聞き返すようなことになるとお客様のストレスが増大し、商談に対する集中力が下がってしまいます。まずはしっかり相手の音声が聞き取れることが前提となります。

そしてマイクも重要なポイントです。安価なイヤホンとヘッドセットでは声の届き方がまるで違います。付属のイヤホンやPCに付属のマイクではなく、数千円程度のヘッドセットをおすすめします。そしてオンライン会議、商談ツールですがバックアップも含めて2つ用意してください。1つのツールだけですとお客様の環境との互換性、当日のトラブルによる使用不可などでリカバリーすることができません。必ずバックアップも含めて2種類のツールを準備し、念のためお客様に予備ツールについてもご案内しておいてください。

**なお、予備ツールはダウンロードやインストールが不要の製品が最適です。**バックアップの観点でいくと携帯電話番号もお客様と交換しておいてください。これはトラブルでオンライン商談ができない、つながらない、当日の環境によって音声が途切れてしまうといった状況に対応するためです。次はPCの環境設定です。各種アイコンを最大サイズに変更し、マウスカーソルも最大化しておいてください。オンラインデモを行う際にPCの画面を使ってご説明しますが、カーソルが小さいとどこを指しているかわからず、そこで理解が止まってしまいます。

最後に、**PC自体の性能を最大限発揮するため、商談前には必ず再起動、そして不要なアプリケーションはすべて終了しておいてください。**パフォーマンスが下がると通信に遅れが発生する、場合によってはオンライン商談システムが落ちてしまうなど、致命的な事故が発生します。

## ②事前準備

商談当日までにいくつかの確認を行う必要があります。

**まずはオンライン商談システムの接続テストを行います。**ツールによっては事前の設定が必要なもの、お客様の社内で使用申請が必要なものなどがありますので確実に実行してください。事前確認を怠ったことによるよくあるトラブルはカメラ、マイクの設定がうまくいかない、つながってはいるが回線状況によって満足に通信できない、といった事例です。最低でも前日までに実際の環境でのテストを実施してください。

**次に行うべきは、参加者と参加方法の確認です。**オンライン商談になったことにより参加方法が複数のパターンに分かれました。全員で会議室にて参加、個別に手元のＰＣから参加、一部は会議室、一部は手元のＰＣで参加という混合型などです。参加者の確認はこれまでの訪問営業でも実施されていたかと思いますが、参加方法という概念はオンライン商談だからこそです。

例えば全員が会議室で参加する場合はその会議室に大型モニター、集音マイクがあるかどうか、そして当日は全員が手元にＰＣを準備した状態での参加なのか、そうではないのかを確認し、場合によっては資料を事前送付して印刷していただくことを検討する必要があります。また、大型の会議室に集まる場合は議論内容が聞こえない可能性が高いので、担当の方に「商談中に議論になったら話すのをいったんやめていただき、議論にズレがないように私たちにも復唱してほしい」と依頼しておく必要があります。

**最後は、当日のアジェンダの確認です。**事前に内容と所要時間をアナウンスしておくことで疑問点を前日までに解消し、当日はディスカッションに集中することができます。また、複数人数を同時に相手にするオンライン商談は訪問よりもお客様が集中しにくい性質がありますので、なにをどのぐらいの時間で説明するかを明確にする必要があります。

## ③商談当日の動き

**不信を払拭するために必ず顔を出して自己紹介するようにしましょう。**訪問に比べて印象に残りにくいので、今までよりもしっかり行ってください。同席している他の社員も同様に紹介しておきます。そしてここで一言「ぜひ皆様も可能な方はカメラをオンにしてみていただけますか？　もし画面が固まってしまった、もしくはなにかおっしゃりそうな様子を見かけたら説明を止めますので。ぜひよろしくお願いします」とお伝えすることでカメラをオンにしてくださる可能性がグッと上がります。オンライン商談においても表情や仕草は重要な情報ですし、もし固まってしまうことがあれば提案を止める必要があります。

**次に気をつけたいのが「一方的に話す時間を訪問よりも短くすること」です。**やはりPCの向こう側で同じ人間が10分以上話し続けている様子はどうしても集中力が落ちていってしまいます。

連続して話さないために「質問がないか細かく確認する（なければ指名する）」もしくは窓口担当者の方に「○○様、この部分に最も関係しそうな方はどなたですか？ぜひご意見を伺ってみたいので」と発信すれば営業からお客様、という流れだけでなく、お客様からお客様という構図ができあがりますので、一方的なプレゼンを防止することができます。

**さらに注意したいポイントが「画面操作」です。**オンライン商談はどうしても若干のタイムラグ、遅れが発生してしまいます。そのようなときに音声だけが先行してしまうこともあり、説明と見えている画面に差分ができてしまい、なにを説明されたのかわからないという状況に陥ってしまいます。ですからオンライン商談時のマウス操作は「普段の半分のスピード」を意識して行ってください。その分無駄な動きをしている時間はありませんので、何度もリハーサルを繰り返して無駄のないデモを習得しておく必要があります。

画面操作時の言葉遣いにも注意しましょう。訪問型営業は目の前にお客様と資料があり、同じ空間にいたので「コチラ」や「この部分」といった指示語でも伝わりましたが、オンライン商談ではほぼ伝わることはありません。必ず「右上の緑のボタンを〜」や「商談というボタンをクリックすることで〜」といった具体的な表現に変更してください。

そして最もやってしまいがちな操作ミスが「マウスホイール」を使ってしまうことです。オンライン商談にはタイムラグがあるとお伝えしましたが、ホイールを使って高速に上下スクロールを行うとラグの間に画面がワープしますので、どんな操作を行ったのか、上にいったのか下にいったのかをお客様が把握することができません。画面をスクロールさせるときは必ずスクロールバーを利用して、クリック&ドラッグで画面を動かしてください。

画面の切り替えについても実際の訪問時の目線の切り替えを意識して、ディスカッションや質疑応答の場合は一度画面共有を終了してお互いの顔が見えるように変え、再度資料やデモが必要になった際は画面共有を行うといった細かい変更が必要です。人間は一点だけを集中して見続けると集中力が低下し、場合によって眠気が襲ってきますのでそうならないように常に意識して画面をゆっくりかつ、無駄なく動かしてください。

**実はこれから営業を始める方よりも経験のある方のほうが順応することが難しいと言われています。**「これまでこのデモのやり方で売ってきた」という栄光は一度しまっておいて、新しい売り方を覚えることに集中してください。

## ④商談終了後のフォローと次回商談まで

商談が複数人だった場合（主に大型商談）、窓口担当の方と30分から1時間後に商談の振り返りを行ってください。お客様の記憶の中に自社製品の情報、導入のメリットなどを強く記憶してもらうためです。あらかじめ商談終了後に別途打ち合わせがしたい旨をお伝えし、時間をもらっておくという準備が必要です。

「内容で不明な点はなかったか」「誰がどんな評価だったか」「不明点を解消するためにはどんな資料が必要か」などをヒアリングし、今後の商談に備えるとともに議事録と一緒にお送りする資料の参考にします。もちろん電話でも問題ありませんが、顔を合わせる接触回数を増やすことで信頼関係の構築にも影響しますので、オンラインでの打ち合わせを推奨します。

**当日中に商談の振り返りが叶わなかった場合は、24時間以内に10分で良いので打ち合わせの時間を設定してください。**これはエビングハウスの忘却曲線をもとにカナダの大学が授業を用いて研究した結果（＊）を商談に用いるアイデアで、記憶に残りやすくなるという効果が期待できます。今までは24時間以内に10分間の再訪をするのはお客様への負担、営業自身の工数を考えても現実的ではありませんでした。しかしオンライン商談ではそれが実現可能です。とくに競合がいる場合は必須の動きと言えます。

**オンラインになったメリットをさらに活かすために、商談終了後はSlackやChatworkなどのチャットツールでお客様とつながります。**一番良いのはお客様が現在利用中のチャットツールに外部招待を受けることですが、難しければ用意した環境にご招待してください。お客様自身がチャットツールを使っていることも増えていますのでより簡単にコミュニケーションできる環境を整えることは競合に対しての優位性にもなりえます。

資料を簡単に共有できるだけではなく、ツールによっては互いのタスクやスケジュールを表示、管理が可能なツールも存在します。これまでのようなメールによる一方通行なコミュニケーションに比べて様々なメリットがありますのでもしもチャットツールを未導入の企業の方はぜひこのタイミングで検討してみてください。

＊出所：ウォータールー大学のHP
https://uwaterloo.ca/campus-wellness/curve-forgetting

## オンライン商談が適さない商談は「複数、複雑、競合」

ここまではメリットを中心にお伝えしてきましたが、オンライン商談の弱みについてもご説明しておきます。**結論から述べますと、「登場人物が複数、複雑な商談で、競合がいる場合」は訪問に比べて成約率が下がる、という傾向があります。**こういった商談を1つひとつ見ていくと大手企業との商談だということがわかりました。

まず登場人物が複数いる問題点については、オンライン商談でもアプローチ回数を増やすことで解消することができます。これまでは商習慣の問題で大手企業の複数の人物にオンライン商談を申し込んでもなかなか実現しない（オンラインでは失礼という商習慣があり、社内の別の方を紹介してもらえない）こともありましたが、新型コロナウイルスの影響で訪問がNGとなった企業も多く、この問題は解決できるようになりました。

次に複雑な商談ですが要件や課題がハッキリしていて、提供できる製品もシンプルなものの場合はオンライン商談でも問題ありません。

一方で非常に複雑でディスカッションしながら要件を詰めていく、もしくは課題を探っていくような案件の場合は、まだオンライン商談に比べて訪問に有利な点があります。オンライン商談の場合はどうしてもトランシーバー型の会話、つまり誰かが話しているときは誰かが話すことはできず、タイムラグもあることから議論にストレスを感じる場合があります。社内のミーティングであれば問題ないのですが、これが商談、もしくはそのためのディスカッションとなるとどうしても訪問のほうが効果的です。

さらにこの条件に加えて、競合とのコンペの場合(競合は訪問営業をしている場合)、成約率が下がる傾向にあります。大手企業の商談の場合、ほぼ全案件と言っても過言ではないほど競合が登場します。そこでこちらがオンライン商談となるとディスカッションの深度や関係構築に至るインパクトで劣勢に立たされることになります。

緊急事態宣言中はほぼすべての商談がオンライン化されましたので優劣はついていないと想定していますが、2020年8月現在は企業によって方針がバラバラになっています。現在の状況から言えば「大手企業向けの商談」は内容に合わせて訪問を検討することがまだ必要ではないか、という結論になります。**一方で大手企業との大型商談をオンライン商談だけで成約する例も出始めています。**本章末に実例のインタビューを載せていますのでぜひご覧ください。

● Slack Japan社・田中和也氏に聞く

# 「オンラインでの大型商談のクロージング」

田中和也
Slack Japan株式会社

1987年生まれ。鹿児島県出身。富士ソフト社でのシステムエンジニアを経て、2016年12月セールスフォース・ドットコムに入社。インサイドセールスを経てアカウントエグゼクティブとして活躍後、2019年にSlack Japan社に入社し、現在に至る。

ビジネス用コミュニケーションツールのSlackを提供するSlack Japan株式会社 エンタープライズ営業1部の田中和也氏は「オンライン商談になってもやることは変わらないし、むしろ有利な面が多い」と語ります。このコロナ禍でも数億円規模の大型商談を受注した経験からそのノウハウについてお話を伺いました。

## オンライン商談でも大型商談は受注できる

弊社では新型コロナウイルスの影響での全社的な完全リモートワークの実施に伴い、オンライン商談化したことで商談の無駄がなくなりました。これまでは、商習慣から多くの訪問や上司の同席など、本質的な営業活動ではない動きが必要でした。それがオンライン商談になって良い意味で崩壊しました。

中には、訪問してほしいと要望されることもありますが、弊社ではオフィス閉鎖が解除されるまでは原則禁止にしています。とくに大手のお客様から訪問希望をいただくことが多いのですが、ほとんどのお客様がオンラインでも問題ありませんでした。

私はオンライン化によって削減できた移動時間を商談前の準備に投資し、商談回数を増やすことに注力しているので、むしろ確度が高まっているように感じています。

## 商談成功のためにツールを組み合わせる

さらにオンライン商談を成功させるために行っている最大の違いは、自社のプロダクトSlackを使った〝つながりっぱなし営業〟です。Slackは社外の方ともつながれるツールです。商談中にSlackを設定し、商談で使用する資料や提案書はもちろん、議事録や他のデータも専用のチャンネルに集約します。メール以上、電話未満のコミュニケーションが常にできるというメリットは非常に大きいと感じています。

もちろん、お客様にもコミュニケーション上のメリットがあります。メールにあるような挨拶文の入力の手間や、提案書や各種資料などの添付ファイルをいちいち探す手間を省くことが可能です。また、社内でもそうですが、個人でもチャットを使用したコミュニケーションが全盛の時代なので圧倒的に連絡を取ることのハードルが下がります。

ただ、オンライン商談を行っていて、複数名で商談を行う際に同席される方の名刺をいただけなくなったことはデメリットとして感じています。その点については、Slackに招待することで同席者の方の名前も確認できますので、チャンネルに参加いただければ解消することができます。

オンライン商談は大型であっても、訪問と同じ効果を再現できます。そしてオンライン独自のメリットを出すことで、大型商談でも問題なく成約まで持っていけると確信しています。中にはオンライン商談に苦手意識のある営業の方もいらっしゃるかもしれませんが、慣れれば簡単でコミュニケーションがスムーズになるので、ぜひ積極的にチャレンジしてほしいと思います。

# 第7章

# チームマネジメントの鉄則

インサイドセールスはデータを中心に運営していくべきですが実際に手を動かすのは人であり、仕組みや設計以上に人の力が重要です。本章では強いチームを作るためのマネジメントについて解説していきます。マネージャー向けの内容ですが、メンバーの方はマネジメント層の意識を理解することでより良いチームを作る参考としてお読みください。

# 1

# 事業戦略の理解度を上げる

## チームのモチベーションを高める

インサイドセールスチームはもちろん、各部門は、企業全体もしくは事業部の戦略に則ってチーム運営されていくものですが、**分業制の弊害として各部に分断されることによって事業戦略の全体像が見えない、見えていても意識が薄れやすいという事態が起こります。**それに起因して様々な問題が引き起こされるのですが、最たる例がモチベーションの低下です。

レンガ積みの話をご存知でしょうか？

レンガを積んでいる3人に「なにをしているのですか？」と問うと1人目は「毎日レンガを積んでいる、まったくついてないね」と不満そうに答え、2人目は「家族のために大きな壁を作っている、なんてことはない」と答える。そして3人目は「人々の幸せのために教会を作っている」と嬉しそうに答えるという逸話です。
業務の細分化、分業制はまさに教会建設を、設計、基礎工事、レンガ積み、屋根の工事、塗装などに分けて事業を運営することに等しいです。そこには本来教会を作って人々を幸せにするという大きな目標があったはずですが、長い時間続けているうちにだんだんとその気持ちが薄れ、ただの作業になっていきます。とくにインサイドセールスは外出も少なく、日々ＰＣに向き合っている仕事ですので、目的に触れる機会が多くはありません。

**そこで重要なのが事業戦略を丁寧に共有することです。**

多くのインサイドセールス組織で「戦略発表は目標値を発表・共有するだけの機会」と捉えられており、しばらくするとチームの士気は下がり、退職者が続き、目標数値を達成できないことでまた士気が下がっていく、という負のスパイラルが発生しています。
本来であれば「我々がなにを目的にインサイドセールスに従事しているのか、事業戦略のどんな役割を担っているのか、そのためになにが必要なのか」という内容を丁寧に説明すべきです。事業や企業全体の会議の場での発表だけではなく複数回にわたって詳細な説明会を実施することで、１度では質問するまで理解がおよばなかったメンバー

### モチベーションを高める戦略共有のポイント

**[戦略共有の内容]**

- 全体の戦略からどの部分を担っているのかを説明する
- その戦略に至った背景と思考の経路を説明する
- 数回に分けて、できれば徐々に詳細に説明する

**[戦略資料の作成で気をつけること]**

- 事業全体の大きな目的を繰り返し伝える
- インサイドセールス部門の重要性を伝える
- 定量的なデータで現状を分析し戦略を構成する

**[さらにモチベーションを高める共有手段]**

- マーケティング部門、セールス部門との共同開催によって関連部門の戦略を理解する
- 資料はすぐに格納し、閲覧できる状態にしておく
- 翌日のチームミーティングなどで読み合わせを行う

も2度目や3度目ともなると理解が不足している点や自身の考えとの相違について意見をくれるようになります。

理解度が浅いままでは本当の意味で戦略の実行はできませんし、やりきる前にあきらめてしまうこともあります。加えて変化の激しい市場環境に順応するためには、最前線のメンバーが独自の判断で適応していく必要があります。そのためにも、重要なことはなにか、優先度が高いものはなにか、今一番大切にしなければいけないものはなにか、という軸において、組織とメンバーの間でズレのない状態が必須となります。

# 2 挑戦と称賛の文化を作る

挑戦と称賛の文化はどの組織にも共通の事柄かもしれませんが、とくにインサイドセールスチームには必要です。インサイドセールスはオペレーショナルエクセレンス、つまりオペレーションをどれだけシンプルに、確実に回せるかが成果に直結します。

## メンバーの挑戦を支援する

しかしオペレーションを研ぎ澄ますということは例外を認めない、ということでもありますので業務フロー改善や新しい施策の提案などがしづらい（とメンバーが勘違いする）環境になってしまいがちです。そういった環境からもメンバーの「挑戦したい」という感情は敏感に察知し、可能な限り挑戦を支援することが必要です。しかし挑戦がすべて成功するわけではありませんので、失敗したときの対応が重要です。それには「マイナスが発生した分の学びはあったか？」という質問が効果的です。

例えば今まで見込みが低いとされて放置されていたリードがあるとします。そのリードをフォローすることで商談機会の獲得を目指す施策が起案された場合、もし成果が出なければ本人が本来創出するはずだった10件の商談機会が事業部として減少することになります。このような状態で結果が2件で終了した場合は8件のマイナスが発生するわけですが、それについての学びを聞きます。

「8件マイナス分の学びがありました。該当するチャネルのリードは温度感が低いものが多く、全件フォローするにはあまりにも非効率です。ただ2件獲得できたリードは役職者のリードでした。次回からは役職者に絞って抽出したデータでチャレンジすれば取りこぼしがなく、かつ効率的にフォローすることが可能となります」

**このように「失ったものと得たもののバランス」が釣り合っていれば挑戦した意味はあったということです。**また、ここまでやりきって初めて「ナイスチャレンジ」となります。ただ自由にやってもらうのとは違いますので、しっかりと説明責任を果たしてから承認するようにしてください。人は誰しも失敗するものですが、そこでの学びと共有があって初めてマイナスがゼロになる、という文化の醸成がチャレンジしやすい環境をさらに進めることになります。

## 称賛を制度化する

**称賛については意識を高めるだけではなく、実際の制度に落としていくことが必要です。**前提として、インサイドセールスは直接お客様から「ありがとう」と言われることの少ない職種です。営業であれば成約の際に、カスタマーサクセス部門であれば定着化が進み、業務の効率化や売上の増加が実現した際に、それぞれ直接お客様から「ありがとう」をもらうことがありますが、インサイドセールスはそのような機会が限定的です。しかし、顧客体験をより良くしていくために、他部門と同じように重要な役割を担っています。だからこそ、私は表彰制度に注力しています。これまで実施してきた表彰制度、表彰項目をご紹介していきます。

## 表彰制度の注意点

なによりもまず避けなければならないのは「もらっても高揚しない表彰になってしまうこと」です。なんとなく毎月の行事だからやる、という思いで運営しているので

## 表彰制度と表彰項目

**[表彰頻度]**

- 月間表彰
- 四半期表彰
- 半期表彰

**[表彰単位]**

- 部門内
- 事業部内
- 全社共通

**[表彰内容]**

| MVP (Most Valuable Player) | VP (Valuable Player) | MVT (Most Valuable Team) | VT (Valuable Team) |
|---|---|---|---|
| 定量的に最も達成率の高かった個人 | MVPに次いで定量的な成果を出した個人 | 定量的に最も達成率の高かったグループ | MVTに次いで定量的な成果を出したグループ |

| 新人賞 | 部長賞 | カスタマーディライト |
|---|---|---|
| 3か月以内の入社メンバーのうち、最も成果を出した個人 | 定性面の活躍、組織貢献、部門間連携などで貢献した個人 | お客様や営業からの「ありがとう」が多かった個人 |

**[表彰の演出やルール]**

- 表彰式はジャケット着用
- 四半期や半期の表彰式は外部会場にて実施
- トロフィーはクリスタル製でオリジナルデザイン
- 表彰コメントは上長が事前にスライド作成のうえ読み上げる
- 歴代表彰者や記録保持者の一覧ページを作成
- MVP受賞者は翌月の表彰式で成功事例の横展開を実施する
- 部門内表彰であっても写真撮影し、全社に共有

あればなくしてしまったほうが良いかもしれません。

演出や表彰コメント、トロフィーに至るまで想いを持って取り組まなければあっという間に形骸化し、意味のない時間になってしまいます。同時に参加しているメンバーにも称賛の文化を体現してもらうことが重要です。数値や実績で競いながらも素晴らしい成果に対しては拍手で応えるという基本的なことですが、意識をしないとどうしても惰性で会が進んでいってしまいます。表彰はメリットが大きい一方で連続受賞すれば喜びが薄れ、表彰されないままだと自己効力感が下がってしまうというリスクもはらんでいます。ですから表彰そのものに一喜一憂するだけでなく、会そのものの価値を高めることが重要です。

**称賛、表彰は個人のモチベーションを上げるためだけのものではありません。**誰が目指すべきロールモデルなのか、どんな行動が是として称賛されるのか、つまりこの組織が大切にしていることはなにか、というメッセージを伝播させる役割も担っています。これから立ち上げる場合、実現は半年以上先になるとは思いますが、初期段階でこのような称賛、表彰の制度を設計しておくことは組織を作るうえで重要になりますので、ルール作りや文化作りの一環としてぜひご検討ください。

## 3 インサイドセールスの能力開発を行う

これからのインサイドセールスには様々な能力が求められます。具体的にはマーケティング部門と合同で本格的なコンテンツを作成する能力（弊社では先日メンバーがマーケターと連携して3分間の動画コンテンツを作成していました）、保有リードを対象とした少人数向けのウェビナーの実施、営業と変わらない製品知識とお客様の理解などですが、とくにマーケティング関連の能力が必須となってきます。

それはVUCA（*）の時代と呼ばれる現代は変化が激しく、**数か月かけて大がかりにマーケティングを仕込むよりも、ニーズの変化に柔軟に対応していくために、より小回りの利くチームを組成する必要がある**からです。

そのためにはインサイドセールスとマーケティングは一部の業務を共有、もしくは連携しながら進めていくことになります。これまでの分業は業務を細分化していき、

＊Volatility（変動性・不安定さ）、Uncertainty（不確実性・不確定さ）、Complexity（複雑性）、Ambiguity（曖昧性・不明確さ）という4つのキーワードの頭文字から取った言葉で、現代の経営環境や個人のキャリアを取り巻く状況を表現するキーワードとして使われる

それぞれのスペシャリストを配置、育成していくことが中心でしたが、今後その境界線は曖昧になっていきます。

また、この動きはインサイドセールス個人のキャリアにとって幅が広がっていくことになり、市場価値を上げることにもつながります。

数年前まではインサイドセールスは営業の登竜門的な部門として配置され、一定期間が経過すると営業に異動となるスタイルが主流でした。企業全体の人材育成の手段としては効率的と言えますが、その弊害としてメールや架電によるニーズのヒアリング能力以上の能力開発には積極的ではなかったように思います。

しかし**今後はメールと電話だけのインサイドセールスチームでは成果を残すことはできません**し、そういった能力開発が見込めない企業は優秀なインサイドセールスの採用が難しくなります。

これからは積極的にメンバーの能力開発を支援し、それらを通して部門としての実績を伸ばしていくことが必要とされます。ここからはこれからの時代に必要なスキル、そして能力開発の方法について説明していきます。

### ①基礎スキル

基礎スキルについては全員が必須で習得すべきスキルですので、カリキュラム化して能力にムラが出ないようにします。数名規模であれば入社のたびにマネージャーから研修を実施する形で問題ないですが、10名を超えてなお入社が毎年10名以上見込める場合には専属のトレーナーを配置することで戦力の均一化、成果の最大化を実現することができます。

### ②マーケティングスキル

インサイドセールスはマーケティング部門と切っても切れない関係ですが、実務だけこなしていても具体的なスキルは身につかず、適切なフィードバックや改善案が出せないことで改善が遅くなり、コンテンツも制作できないので、慢性的なコンテンツ不足は解消されません。もしもメンバー1人ひとりの基本的なマーケティングスキルを伸ばすことができれば、リードの精度向上やコンテンツの充足など全体にとってのメリットになります。

育成については「サブタスク」を持ってもらうパターンが一般的です。

毎月予算達成しているようなインサイドセールスに本業を持ったままサブタスクと

基礎スキルの開発チェックリスト

**[基礎スキル]**

- □ ペーシング、ラポール、リーディング
- □ CLIPなどのヒアリングテクニック
- □ PAPERを使った自社製品と競合の理解
- □ 顧客事例の理解と活用
- □ 顧客管理システムの基本的活用
- □ 市場調査と仮説構築力

マーケティングスキルの開発チェックリスト

**[マーケティングスキル]**

- □ マーケティングの構造理解
- □ ペルソナを定義しカスタマージャーニーマップを作成することでの顧客理解
- □ デジタルリードの獲得知識（可能であれば一部実践する）
- □ オフラインイベントの運営知識と実務経験
- □ ホワイトペーパーなどのコンテンツ制作
- □ 製品デモなどの動画コンテンツ制作
- □ ウェビナーの運営知識と実務経験
- □ ナーチャリングプロセスの設計

してコンテンツ制作やイベントの運営に参加してもらうなど、実務以外のタスクを担ってもらうことで能力開発を進めていきます。しかし工数もそれなりにかかりますので、予算に対して2か月連続で未達を起こすようなことがあればサブタスクは回収し、一度数字に集中してもらう必要がありますので本人と必ず合意のうえ、能力開発につなげください。

## ③数値分析スキル

営業管理システムやMAの普及により、企業内の様々な指標がデータとして扱えるようになってきています。

そこで重要になってくるのが数値分析のスキルです。これまではマネージャーや営業企画などの必要スキルでしたが、手元にデータが揃うようになった現代ではインサイドセールス個人が数値を分析し、状況を打開することが可能になりました。それによって課題の特定と解決のプロセスがより早く回せるようになり、数字に強い組織が成果を出す時代に移り変わろうとしています。これからのインサイドセールスはよりデータや数字への強さが求められるようになり、所属部門にはその育成責任が発生します。

## ④ツール活用スキル

まず前提としてインサイドセールスにCRM／SFA（もしくはそれに類する情報を蓄積できるデータベース）は必須となります。

しかしただ情報を格納できるだけではスキルとはなりません。最低でも「セルフダッシュボードで自身の行動管理ができている」「レポート機能を用いて必要なコールリストを抽出できる」「レポート機能を用いて自身の課題を特定できる」というスキルは必須です。

こういった能力を鍛えるためにはメンバーに考えさせるテーマと時間を与えることが必要です。また、MAも一般化してきていますので設計はできなくとも基本構造やMAで利用可能な機能については知っている必要があります。

導入済みの企業でも機能を制限して一部機能だけを利用可能としている場合もありますが、可能な限り機能は開放したほうが、インサイドセールスメンバーの発想と行動を促すことで成果につなげ、活用スキルを育てることができるでしょう。加えてターゲティング機能つきデータベースを使ったターゲティングや通話内容の解析機能がついたIP電話などを活用して、セルフラーニングや生産性向上への意識を醸成していくことができます。

これからのインサイドセールスはできることの幅が市場価値に直結していきます。ですからインサイドセールスに挑戦する、もしくはインサイドセールスとして転職活動をする人物は「スキルアップできる環境か、否か」を確実に1つの選択の軸として検討します。業務効率化はもちろんですが、人の育成や採用観点からもアナログな組織は劣勢に立たされる可能性があります。

一方でツールを導入している企業はただツールを与えるだけではなく、それを使ってどう能力開発をしていくかを考える必要があります。

そしてその育成に大きく携わるのはマネージャーであり、部門責任者の皆さんです。皆さんがツールを活用することができない、マーケティング知識がないということになれば能力開発することはできません。人や業務に対するマネジメントだけではなく、能力開発の観点からも管理者側こそが一番学ばなければならないということを理解してください。

数値分析スキルの開発チェックリスト

## [数値分析スキル]

- □ 基本 業務プロセスを分解し、定量的に表現することができる
- □ 仮説 課題に対して原因となる状況や状態を仮説として立案することができる
- □ 収集 仮説検証に必要な情報を収集することができる
- □ 分析 収集した情報を様々な角度から検証し、原因を特定することができる
- □ 表現 分析で得た事実と打ち手を的確に表現することができる

ツール活用スキルの開発チェックリスト

## [ツール活用スキル]

- □ 顧客管理システム（CRM）
- □ 営業支援システム（SFA）
- □ マーケティングオートメーション（MA）
- □ 解析機能つきIP電話
- □ ターゲティング機能つき企業データベース
- □ オンライン商談ツール
- □ データ分析ツール（BIツール）

# 4 委任と放置の違い

能力開発を目的に新しいプロジェクトや業務をメンバーに振り分けることになりますが、「委任と放置」を間違えるとメンバーは疲弊し、プロジェクトは破綻し、なにも得るものがない結果となってしまいます。そもそも委任と放置の違いとはなにか、どのような基準で判断すべきかを解説していきます。

## 能力と意欲を常に把握する

私が基準にしているフレームワークは、ケン・ブランチャード氏が開発したシチュエーショナルリーダーシップⅡ（以後、ＳＬⅡ）です。ＳＬⅡは人を開発レベルでＤ１～Ｄ４に分け、それに対応するリーダーシップスタイルをＳ１～Ｓ４にわけて定義しています。

## シチュエーショナルリーダーシップⅡによる能力開発

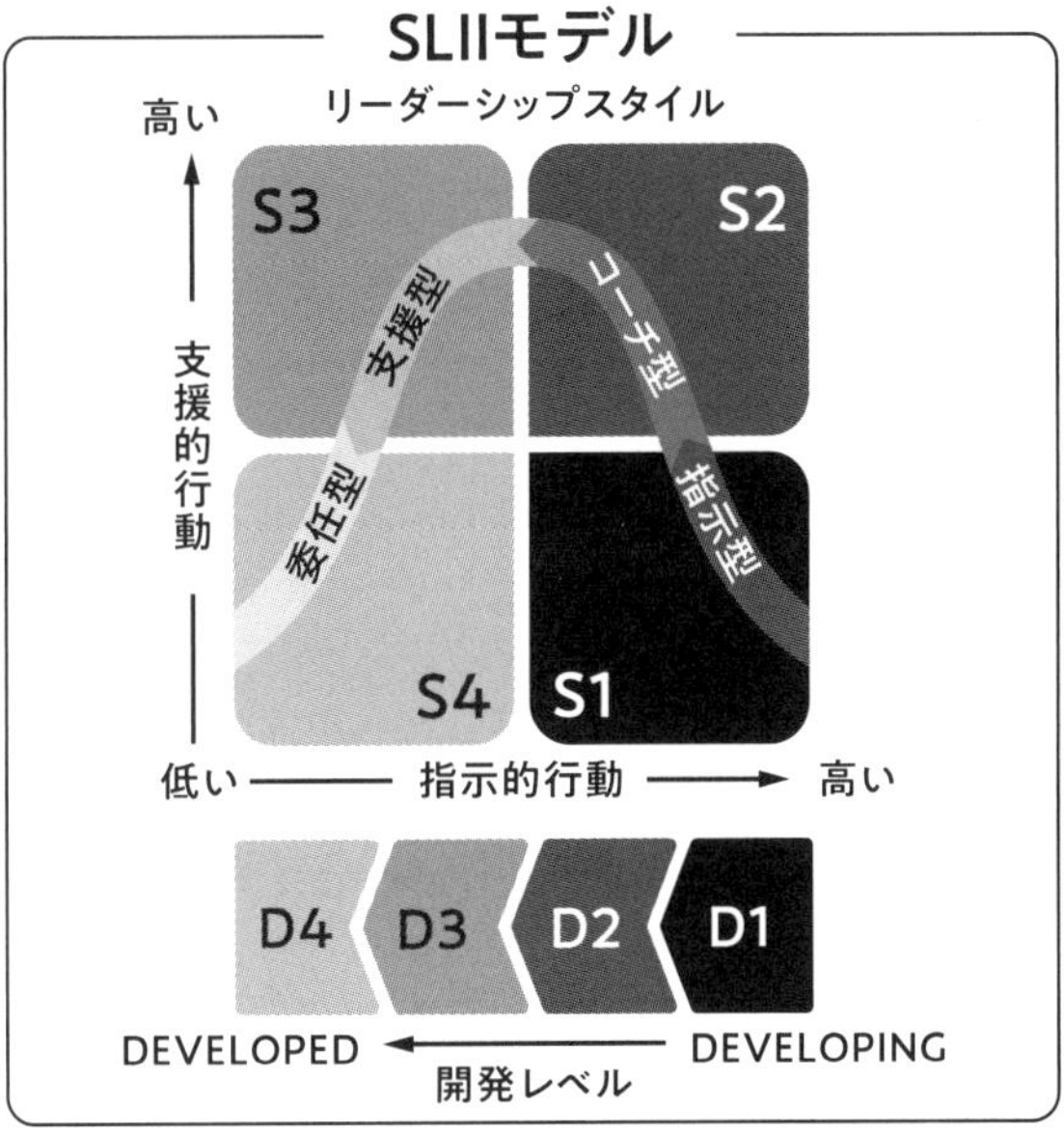


図出所：ブランチャード・ジャパンのHPより
http://www.blanchardjapan.jp/product-and-service/product-sl.html

[リーダーシップスタイル]

- S1　指示型（高指示的＋低支援的行動）
- S2　コーチ型（高指示的＋高支援的行動）
- S3　支援型（低指示的＋高支援的行動）
- S4　委任型（低指示的＋低支援的行動）

[個人の開発レベル]

- D1　高い意欲、低い技能（やる気のある新人）
- D2　低い意欲、低～中の技能（マンネリ化）
- D3　変化する意欲、中～高の技能（ベテラン）
- D4　高い意欲、高い技能（頼れるエース）

SLⅡは能力と意欲（その人が持っている業務）に対するマネジメント方法であり、人に対して行うものではありません。

つまり「Aさんは優秀なSDRだから新しい能力開発のためにウェビナーを企画してもらおう。Aさんだから未経験だけど任せても平気だな。よし委任しよう」というのは大きな間違いです。Aさんは確かにインサイドセールスとしては優秀かもしれませんが、ウェビナーの経験、つまり実行できる能力はありません。

この場合Aさんは「やる気はあるが未経験」の状態ですのでマネージャーが取るべき行動は「指示」です。行動を定義し、完了までは細かく管理しながら完了を目指します。

このように未経験のタスクに対し「Aさんなら大丈夫」と人起点でマネジメントをしてしまうことを「放置」と呼んでいます。

失敗させることでなにかを学ばせたい、という方針であれば問題ありませんが、そうでなければ無意味に失敗させることになり、場合によってモチベーションを下げてしまう可能性もあります。

順調にそのステップをクリアすることで能力が備わり、高い意欲を維持したままであれば「委任」に切り替えます。この切り替えが遅いと「なぜ任せてくれないのか」

というフラストレーションが溜まり、切り替えが早いとプロジェクトが失敗に終わってしまいます。

ですから常に能力と意欲を把握し、状態に合った最適なリーダーシップを発揮する必要があります。

しかし、どこまで能力が高く、意欲の高いS4だったとしてもレビューをせずに黙って通せば良いということではありません。

例えばS4のAさんから提出されたプランであっても隅々まで目を通し、指摘箇所があれば改善を促す必要があります。プランの策定と実行を委任することはもちろん推奨しますが、その間にある確認を怠ってはいけません。それもまた別の形での「放置」です。

自部門から起案されるものについては状況に関係なく全件目を通してビジネスとして判断すべきです。

# 5 社内トレーナーの選び方

組織の規模が大きく、さらに成長が見込める場合には専任のトレーナーを配置しますが、社内からの登用をおすすめします。インサイドセールスのオペレーションは各社バラバラであり、商材知識や他部門の解像度を考えると社外からの採用は立ち上がりまでに相当の時間を要します。そのためここでは社内登用の場合について説明していきます。

## トレーナーが備えておくべき3つの要件

トレーナーの要件は「言語化」「構造化」「バリューフィット」です。言語化力は社内トレーナーにとって必須要件です。社内トレーナーはコンテンツを自身で作成する必要があるため、**過去の経験はもちろん、トッププレイヤーにヒアリングを行い、そのノウハウを言語化していく必要があるのです。**そして基本的にどんな営業のセンスも言語化することが可能です。

例えば「成果の出し方はわからないけど社長と話すのが得意かもしれないです。でもその会社の歴史が気になるからついつい話し込んでしまって全然ヒアリングできないんですけどね（笑）。なぜか最後には人を紹介してくれるんです」という成果を上げるプレイヤーの場合を考えてみてください。社長のリードに集中して対応している、社長に対しては創業の背景や思いをヒアリングすることで信頼を得ている、社長ではリアルな情報がヒアリングできないのでリレーションは保ちつつ現場の責任者クラスの紹介を依頼する、というように行動に分解してそれをコンテンツに落とし込むことができます。これは一例ですがこういったノウハウは現場に豊富に存在します。

しかし言語化する力がないとそれらがコンテンツとして発掘されることはなく、トッププレイヤーが認識しているノウハウだけが共有されることになります。

**インサイドセールスのトレーニングは多岐にわたりますので各コンテンツを構造化して整理する能力が必要です。**例えば能力をレベル分けして必要要件を定義、そこに必要なスキルとトレーニングを設定して時系列に並べ直してから各種コンテンツを作成する、といった動きが求められます。加えて知識とスキルを分けることも重要です。

ここを間違ってしまうと習得までロールプレイングなどの実践的なトレーニングが必要にもかかわらず、座学で終了してしまって頭には入っているけれどそのスキルを発揮できない、といったことが起こります。どんなタイミングで、どんなスキルを、どうやって習得するのが最適なのかを半年、もしくは年単位でトレーニングスケジュールとして設計できる能力が必要となります。

**そして最も重要な点がバリューフィットです。**トレーナーに人事権はありませんが、それが逆にメンバーが安心して相談できる理由になっている場合もあります。対マネージャーには評価を気にして相談できないこともトレーナーには相談できるという方も多く存在します。私自身も実際にそうでした。

信頼されているトレーナーだからこそ、その口から発するメッセージが重要です。組織に対して批判的であればメンバーの組織に対する信頼度が下がり、マネージャーと指導内容に相違があればメンバーは混乱します。また、判断が難しいことを相談された場合も軸がバリューフィットしていれば若干の差分があったとしても組織の大切にしているもの、組織の目指す方向性と大きくズレることはありません。そしてトレーナー自身が組織の方向性に共感し、苦労しながらも楽しんで働いている姿そのものが不安なメンバーに勇気を与えるコンテンツです。

# 6 戦略はマネージャー、改善はメンバーが主導する

部門の戦略や人員配置をマネジメントチームが主導していくのは当然ですが、オペレーションの改善はメンバー主導で進めることを推奨します。

理由はとてもシンプルでインサイドセールスの場合は営業のような「商談同席」という概念がなく（厳密に言えば隣に座って会話を聞くシャドーイングや会議室のスピーカーフォンで会話を聞きながら進めることはあります）、一緒に案件を進めていくことがありません。つまり業務はインサイドセールスが個人で行っており、そこにマネージャーの目が入っていないのでオペレーションを最も理解しているのがメンバーだからです。そこを理解せずに介入すると想定していないエラー（リードフォロー漏れや他部門への影響）が発生し、期待していた効果を得ることができなかったということもあります。また、改善をメンバー自ら起案し実行することで日々の生産性への意識が高まり、主体的に

オペレーションの不具合を解決してくれるようになります。

そしてこれはオペレーションだけに限りません。リードのフォロー条件や優先度、商談提供基準や新しいルールの策定などにも広がっていきます。

この状況を作り出すことができればマネジメントの仕事が日々の業務管理から数値分析、勝ち筋の発見や戦略策定、そして最重要任務である採用に時間を投資できるようになります。

## マネージャーが介入するのはタスクの廃止

しかし、メンバーだけで判断できないものがあります。それが「廃止」です。追加施策の実施や改善が活発な組織はオペレーションが増えてしまい逆に生産性を下げてしまうという事態が発生します。

そうでなくともインサイドセールスはマーケティングと営業を柔軟につなぎ合わせる役目のため、前後の不具合や変更を吸収する場面が多く発生します。その蓄積がオペレーションを複雑化させ、インサイドセールスのタスクを増やしていきます。

私は月に一度「未来会議」という全員参加のミーティングを設定し、その中で新しい施策の起案と同時に廃止すべきオペレーションの起案もしてもらっています。そして運用のルールは「サイバーエージェント社の会議」を参考にさせていただき「やめるべきだ」というメンバーが1人でもいれば基本的に廃止とします（もちろん影響範囲を議論して廃止とします）。さすがにこの意思決定と影響範囲が部門外に至る場合の調整はメンバーには難しく、その調整自体がタスクになってしまうので部門長が責任を持って巻き取ることにしています。これまでに「リードに記載していた○○の廃止」や「営業に引き継いでいた○○情報の廃止」など、いくつものオペレーションやルールを廃止してきました。

この動きによって普段から「この動きは無駄ではないか？」という意識がチームに生まれ、会議以外でもリアルタイムに廃止の起案が上がってくるようになりました。

# 7 成長を可視化する

インサイドセールスのマネジメントをしていてメンバーからよく相談されることは「この仕事を通して身につくスキルがわからない」「成長の実感がない」もしくは「学ぶことが多すぎてまったく自分の中で消化しきれていない」などです。

こういった状況は問題点が見えていないために起こります。

「学べることの全体像は一体なにか」「この先どんなスキルがついていくのか」「今、自分はどの地点にいるのか」など、見えない不安と戦っていることが多く、その原因は期待役割とそれに必要なスキルが定義されていないことです。インサイドセールスは役割の認知がまだ低く、余計な不安につながってしまいます。

## オペレーションが洗練されるとルーティンワークになる

オペレーションが重要なインサイドセールスは、新しい取り組みや成長のためのサブタスクを持たない限り、同じようなルーティンで仕事をすることになり、数％の改善が実現できても本人には成長実感が生まれづらいと言えます。これはインサイドセールスならではのジレンマであり、無駄のないオペレーションは全体の生産性を向上させますが、そこに従事するメンバーの成長実感は失われていきます。**そこで、転換率の改善や予算の大幅達成などが発生した場合は「成功事例の共有」を実施してください**。これも1つの可視化であり、要因分析力と構成力が身につき、再現性も担保できる取り組みです。中にはＭＶＰの受賞と成功事例の共有をセットにしている企業もあります。

しかし、成功事例の共有は一部メンバーに限られ、定期的には行えません。基本は業務に必要な期待役割と必要なスキルを定義し、それを可視化していくことが不安の解消と副次的効果で成長意欲を促進させることにもつながっていきます。

次ページの図のように必要要件を表などで可視化し、進捗が明確になることで成長を実感できますし、意欲的なメンバーは自ら前倒しでの受講を依頼してきます。そういった依頼には基本的には受ける方向で進めるべきですが、研修に手が回らない場合もありますのでそのあたりはバランスを見ながら判断しましょう。また、慢性的に手が足りないということであれば、やはり専任のトレーナーを配置することをおすすめします。

## インサイドセールスの成長を可視化する方法

### [期待役割とスキルの定義づけ手順]

- ① SDR、BDRのものを作成する(Online Salesは除外)
- ② 自社に必要な役割を定義して設定する
- ③ その役割を実行するためのスキルを抽出する
- ④ そのスキルを習得するために必要なトレーニングを設定する
- ⑤ それらに時間軸を加え、いつどのスキルを習得すべきか設定する
- ⑥ 完成したものをスプレッドシートに入力し、人数分のシートを作成する

### [進捗管理表による運用]

- ① 入社、もしくは異動時にスプレッドシートを使ってトレーニングプランの説明を行う
- ② トレーニングが完了するたびにスプレッドシートのセルを色付けしていく
- ③ 1on1や目標設定面談などでこのシート開き、現状の確認と今後の方針を確認する

| 氏名 | 製品基礎 | 業界知識 | ページング | PAPER | CLIP | ロープレA | ロープレB | 製品デモ | 提案書作成 |
|---|---|---|---|---|---|---|---|---|---|
| Aさん | 完了 | | | | | | | | |
| Bさん | | | | | | | | | |
| Cさん | | | | | | | | | |
| Dさん | | | | | | | | | |
| Eさん | | | | | | | | | |
| Fさん | | | | | | | | | |
| Gさん | | | | | | | | | |
| Hさん | | | | | | | | | |
| Iさん | | | | | | | | | |
| Jさん | | | | | | | | | 未完了 |

# 8 インサイドセールスに効果的な1on1の実施方法

**ここ数年導入する企業が増えた1on1ですが、とりわけインサイドセールスにとってはとくに重要なものだと考えています。**その理由は2019年より前（オフィスで仕事をしていた時代）と後（リモートワークでバラバラに仕事をしている状態）で変わります。

オフィスで仕事をしていた時代は皆がデスクに座り、電話やメールをしている光景が一般的で、インサイドセールスは基本社内にいるので目が届きやすく聞こえてきた会話に違和感を覚えればその場ですぐに声をかけて指導することが可能でした。その状況がゆえにメンバーと深い話をする時間が確保されないケースがあります。営業であれば商談同行の移動中などにふとプライベートの話や抱えている問題について相談することもありますが、インサイドセールスではそのような機会は限られています。

ですから、1on1というマネージャー（役職者）とメンバーが1対1で話す機会がとても貴重だったのです。また、リモートワークが普及したことでさらに接触回数が減りました。もし1on1の時間がなければグループミーティングなどで顔を合わせるだけでとくに会話しないという日が何日も続くことになります。

それではメンバーのコンディションを把握することもできませんし、課題解決の支援をすることもできません。もしまだ1on1を取り入れていない企業の方がいればぜひ積極的にご検討ください。

## 1on1の基本

1on1の基本は「相手（メンバー）のために時間を使うこと」です。具体的には「日々の業務のことや数字のことは話さない。こちらからは話さない」というルールがあります。1on1の時間を作っても結局は数字の確認や案件の確認に時間を使ってしまってはまったく意味がありませんし、1on1は「メンバーのための時間」です。

**私はよく、1on1の会話を「今日はなにを話そうか？」で始めています。**これを習慣化することによってメンバー側は「今日はなにを相談しようか」と事前に質問や疑問を考えてくるようになります。

そして会話中は、内省を深めるために会話の中の言葉を拾って「もう少し詳しく教えてほしい」と伝えます。これは話の内容に興味があるという自分目線のものではなく、メンバー目線で内省が必要だなと思ったときに声をかけます。

すると考えながらもメンバーはなぜそう思ったのか、もしくはさらに具体的に考えていきますので本質的な感情や出来事に近づいていきます。例えばメンバーがとあるルールに不満を抱いていたとします。その場合には「それについてずっとルールが不明確だと思っていたんだね」と復唱して伝えてください。これは復唱することでメンバー自身が抱えていた不満を認識してもらうためです。

そのうえで「ではそのルールどうしようか？」と問いかけて、相手から行動宣言を引き出します。行動宣言とは「ルールに不満ばかり言っていても仕方ないので新しいルールを提案しようと思います」という意思表示です。もしもここまで進んだのであれば行動を確かなものにするために「日付の設定」と「僕になにか手伝えることはある？」と支援を申し出ます。こうすることで内省し、自ら行動宣言しているので実行率はかなり高くなります。

ここまでで注目していただきたいのは、自分からは話さず、あくまでもメンバーに話してもらうことです。こちらから答えを提示したり話しすぎたりすることのないように気をつけてください。**役職者は極力自分から話さず、相手が話しやすいように会話を展開するようにしましょう。**

## 1on1がもたらす効果

1on1がもたらす効果は大きく分けて3つあります。

**1つ目は信頼関係の構築です。**信頼関係を構築するためには互いを知り、メンバーを心から支援しようという思いが重要です。信頼関係の構築によって本音で話してくれるようになるとその課題に対して支援がしやすくなります。

課題がない人はそういませんのでもしメンバーの課題が見つかっていなければ、もしかしたら信頼されていないのかもしれませんのでご注意ください。

**2つ目はメンバー自身の成長です。**1on1は基本的に聞き手に回り、かつ答えを教えないように進めていきますのでメンバー自身が内省する機会が非常に多いです。一見すると頑固なメンバーも、次第に自身で課題に気がついて成長し、こちらからの指摘も受け入れてくれるでしょう。

どうしても答えを伝えたりアドバイスをしたりしたくなりますが、人からもらった答えよりも自分で出した答えのほうが意思決定の力も強く、継続力も高いです。とくにインサイドセールスは自分自身のコミット力で成果に差が出ますので、内省からの強い意思決定は極めて重要です。

**3つ目はネガティブな報告機会の提供です。** 組織にとって重要な情報はいくつかありますが、私はネガティブな情報こそ宝だと考えています。種類は業績不振からシステムトラブル、お客様からのお叱りの言葉など様々です。これをいかに早く、正確に収集することができるかが被害を最小限に食い止める方法です。

しかし、どうしてもネガティブな報告はしづらいものです。もちろん緊急性が高いものはどんな状況であってもリアルタイムに報告してくれますが、そうでないものはなかなか出てきません。例えば組織不和が挙げられます。AさんとBさんの間でトラブルがあり、それが原因で組織不和が起きている……こういった情報はわざわざチャットや電話で連絡をしようとは思ってくれませんし、人のことは報告しづらいでしょう。

そのようなときに1on1の時間が定期的に設定されていれば「次回の1on1で相談してみよう」と思ってくれることも多く、ネガティブな情報を収集する場としてとても機能しています。

## 1on1の注意点

非常に有効なコミュニケーション手段である1on1ですが、注意点もあります。**まずは時間です。**メンバー1人ひとりと週次で行うとなると相当な時間が必要になりますので、まずはその時間を捻出することが必要になります。基本的に1時間も必要なく、30分で問題ありませんが、それでも10名のメンバーを率いていれば毎週300分、約1日分の時間を投資することになります。ですからここはバランスを見て、2週間に1回に頻度を落とすなどの調整が必要です。ただ重要なのは定期的にセットされているということなので、2週間に1度でも問題ないと思います。

**次に注意すべきは「話すネタがなくなること」です。**毎週のように1on1を入れている場合、相談したい内容がなくなり、世間話をする時間になってしまうことがあります。それでも近況がわかるので問題ないですが、もしその兆候が見えたらまずは前日にリマインドメールを送り「明日のアジェンダ、ぜひ考えておいてください」と連絡をします。

それでも話すネタが尽きたということであれば「これからの1on1でどんな話をし

ていくか決める1on1をやる」というのも1つのアイデアですし、「話したいことがなければ能力開発の時間にしてトレーニングをする」でも良いと思います。

繰り返しになりますが、1on1はメンバーのためのものですので、彼らが望むことであればどんなことに時間を使っても問題ないです。ぜひ姿勢と態度でもその思いを示してください。

そして**絶対にやってはいけないことは、マネージャーからリスケの依頼をすることです。**シンプルに自分の1on1をリスケされると「優先度が低い」と感じさせてしまうからです。強固な信頼関係がある場合は別ですが、極力1on1はリスケせずに優先度を高くしてください。

リスケ防止のためには時間帯を工夫する必要があります。営業部門であれば日中は商談があるので避ける、インサイドセールスであれば着電しやすい時間は避けるなどです。それ以外にも部門や会社全体でのミーティングなどが入りやすい時間帯は避けておきましょう。

●セールスフォース・ドットコム社・鈴木淳一氏に聞く

# 「インサイドセールスのマネジメント」

鈴木淳一
株式会社セールスフォース・ドットコム
執行役員 セールスデベロップメント
本部 本部長

広告系ベンチャー企業の営業マネージャーを経て、2010年インサイドセールスとして現職に入社。外勤営業を経験したあと、インサイドセールス部門にてマネジメントを行う。インサイドセールスにてスタートアップ/中堅中小およびエンタープライズ部門を統括。インサイドセールス、THE MODEL、SaaSのノウハウ提供も行う。

顧客管理システム中心に顧客中心の企業化のためのDX推進をするセールスフォース・ドットコム社のインサイドセールス部門を統括する鈴木淳一氏にマネジメントについてお話を伺いました。現在は数百名のインサイドセールスが在籍し、マネジメント層だけでも数十人が稼働しており、マネージャーの管理や育成にも注力されています。

## インサイドセールスのマネージャーの3つの役割

インサイドセールスのマネージャーの役割は主に3つです。それは商談数や売上貢献を中心とした目標数値の達成、分業スタイルのTHE MODELをつなぐ役目、そして人材育成です。

セールスマネージャーの役割と言えば主に売上になりますが、インサイドセールスの場合は人材育成が事業運営の肝になっています。そのため、育成を疎かにしてしまうと中期的に予算達成はもちろん、人材の輩出も難しくなり組織運営に大きな支障が生じます。

## 重視されるのは広い視野と人材育成のスキル

インサイドセールスの場合、マネージャーには全体を見渡す広い視野と人材育成のスキルが必要になってきます。データで行動が表現されるので、とくに、個性を伸ばす意識が欠かせません。

もし人に興味のないマネージャーが機械的に指導をすると、どうなると思いますか？ 例えば架電数が少ないメンバーに単純に架電数を伸ばそうという指導は危険です。行動を分解して掘り下げたときに、メールの送信数が他者の2倍で、そこからの返信に対しての み架電をしているために成果が出ている、ということもあります。マイナス（ここでは架電数が少ないという事象）を修正しようとする思想では成果が出ないどころかメンバーが疲弊していきます。

マネジメントスキルとしてかなり高いものが求められており、とても難しい職務だと思います。だからこそ、マネジメントスキルが育つまでは、不足部分を補う人と個性を尊重し個性を伸ばそうするマインドが重要だと考えています。

私の場合は、マネージャーを統括する立場になったときに、ビジョンを語ることを意識しました。そこで掲げたビジョンと全体戦略のひもづけがうまくできれば組織は間違った方向に進むことはありません。むしろ施策や取り組みがメンバーによってブラッシュアップされて良いものになっていきます。

私自身は現在、部門内のことはマネージャーに任せて、マーケティング、セールス、そして経営チームとの橋渡し役として従事しています。全体責任者の役割としては、部門間の連携による効果を最大化することだと思います。とくにマーケティング部門とは密に連携を取り、施策の効果を最大化することに多くの時間を割いています。

インサイドセールスの立ち上げ責任者は、お客様を中心に捉え、変化に柔軟に対応できる人物が望ましいです。部門連携を促進し、個性を伸ばしながら営業を科学する、インサイドセールスは変化の時代には欠かせない組織になっています。ぜひチャレンジしてほしいですね。茂野さんのコミュニティや弊社のインサイドセールス分科会などにも積極的にご参加いただくなど、他社の情報もうまく活用していくと良いと思います。

# 第8章

# インサイドセールスの未来

2020年はインサイドセールスにとっても大きな転換点となりました。これまでは商習慣によって敬遠されてきたオンライン商談が当たり前の世の中になり、在宅ワークが広がったことでお客様とのコミュニケーション方法も変わり始めています。マーケティングは大型の展示会からウェビナーへと様変わりしました。そんな2020年を経てインサイドセールスはどのように変わっていくのか。少しだけ、自分の考える未来を皆さんと共有したいと思います。

1

# BtoBコミュニケーションが最適化された未来

BtoBの購買におけるコミュニケーションは、未だに多くの欠損部分が存在しています。BtoCに比べて製品情報、比較情報などの詳細な情報の取得が難しく、共有が進みにくいことでお客様が保有している情報はバラバラです。製品を検討するにも個別に同じプロセスを踏まなければなりません。

## BtoBの購買方法とマーケティング手法の変化

世の中のトレンドはBtoCからBtoBへ、そして欧米から日本へ、という変遷をたどってきています。例えばチャットやSNSは個人が利用するツールでしたが、現在では多くの法人が活用しています。そしてビデオコミュニケーションも、もともとは個人が離れた友人や家族とコミュニケーションを取るために利用されていましたが、現在では多くの商談がオンラインで実施されています。

このような流れで考えていくと、ＢtoＢ製品の購買方法そのものが変わっていくのではと思います。ＢtoＢでも口コミが進化して製品の特徴、営業やサポートの評判、価格や値引きの情報などがリアルタイムに公開・共有・修正され、欲しい情報にいつでもアクセスできるようになる未来はそう遠くないでしょう。

**私は、これからは販売側が強かった時代から、購買側が強くなる時代に変化していくことは避けて通れないと考えています。**

また、インフルエンサーを使ったマーケティングもＢtoＢではまだまだこれからの領域です。先日、オリエンタルラジオの中田敦彦さんがセールスフォース・ドットコム社とその創業者であるマーク・ベニオフＣＥＯを取り上げてYouTubeに投稿していました。これによって今まで社名すら知らなかった人たちに圧倒的なスピードで認知され、場合によっては問い合わせにも発展したかもしれません。

この出来事は私の中ではかなり衝撃的でした。ＢtoＢやＩＴ業界ではもちろん知名度のある企業ですが、個人、ましてやタレントの方がコンテンツ化するなど夢にも思わなかったからです。それと同時に、**これからは同様のことが起こるのだなと確信し、新しい時代の到来を感じました。**

こういった変化によって、情報の非対称性が失われ、情報量が爆発的に増加するため、購買側は欲しい情報に簡単にアクセスできるようになります。アクセス先はその製品を提供している企業のＷｅｂサイトとは限りません。

すると企業は必然的に自ら情報を発信するようになります。これまでのように競合対策も含めて一部の情報を自社内に閉じ込めておき、お客様に個別に届ける、といった情報提供のスタイルではそもそもの企業選定に残ることができないからです。

つまり、HubSpot社の提言するインバウンドマーケティングのような概念がさらに広がり、**有益なコンテンツを生み出して人々と情報を共有し、人の助けとなることで相手を引き寄せることがより求められる**未来がやってきます。

その世界ではマーケティングとお客様の間に今のような谷や溝がなくなり、ストレスのないコミュニケーションが実現します。ではそんな未来がきたときに、インサイドセールスはどういった介在価値を発揮すべきなのでしょうか。

# 2 インサイドセールスの介在価値の変化

## SDRはコミュニケーションの設計者へ

SDRは最も変化が大きくなると予想しています。それはお客様が変わるからに他なりません。今までのお客様は「興味はあるがよくわからない」「課題はあるけれど正しい方法がわからない」といった状態で問い合わせや、答えを求めて資料をダウンロードしていました。

しかしそのレベルが一変し、お客様はもうある程度わかっていて、本当に不明瞭な部分だけを問い合わせてくるようになります。

**つまり、高度なヒアリングテクニックや、ニーズを顕在化させる手法は必要なくなっていくのです。**加えてそのような状況であればAIを搭載したチャットボットがほぼすべてに答えてくれます。チャットが苦手な方や「ながら問い合わせ」をしたい方は合成音声によるＡＩコンシェルジュが対応しますので、ここに人が介在する価値はほぼなくなります。

**唯一残るのは「設計者」です。**どんなお客様が、なにを目的に、どう問い合わせてくるのかを考え、最適な対応を設計する人間は必ず必要になります。もちろんデータで判断できることは増えますが、それでも変化に対応し、チューニングしていく役割がなくなることはありません。

少し意味合いが変わるのでＳＤＲという役割ではないかもしれませんが、問い合わせリードではなく、**紹介リードを獲得して対応するというＳＤＲが誕生する可能性が考えられます。**海外の一部インサイドセールスやカスタマーサクセスではＣＳＱＬ(Customer Success Qualified Lead）という既存のお客様からの紹介リードを追う組織が動き始めています。紹介リードは理に適っていて、どんな問い合わせ経路よりも紹介リードの成約率が最も高い傾向にあります。現在はコミュニティ・マーケティングと呼ばれているものです。

お客様の成功を実現し、そこにユーザーコミュニティを組成することでさらに活用を促進し、同時に関係強化も実現します。これに成功したのがＡＷＳ（Amazon Web Service）や、セールスフォース・ドットコム社です。彼らは強力なコミュニティを持ち、そこにはまだ契約をしていないお客様が参加することもあれば、参加者が任意で外部に推奨してくれることもあります。ですからＳＤＲの一部はコミュニティを運営しながら満足度と紹介を促す役割、ＣＤＲ(Community Development Representative)という名称で生まれ変わるのではと考えています。

## ＢＤＲはＡＢＭの正しい実践者へ

ＳＤＲに比較してＢＤＲはその数を増やすことになると思います。どれだけお客様のリテラシーが上がろうとも企業がその問い合わせをじっと待ち続けることはできませんので、必ず企業側からのアプローチというのは残ります。

しかし、これまではＣxＯレターなどのアプローチでしたが、今後はそのようなアプローチだけでは十分ではありません。お客様が求めるものは情報です。もちろん直接対面で話すことを求めるお客様もいると思いますが、そうではない方が今では大半です。

それに対応するために、**ＢＤＲはＡＢＭを正しく実践するＢＤＲに変わっていくでしょう。**

現在ＡＢＭを掲げているＢＤＲ組織の多くが、ターゲティングを前提としたアウトバウンドにとどまっていると感じています。本来はターゲティングしたセグメントまたは企業に対して、専用のマーケティングを行いながら成約を目指す統合的な手法にもかかわらず、専用のコンテンツ提供やイベントの開催といったマーケティングの観点が欠落しています。

今後、この部分を埋めていくのがＢＤＲになります。これまで以上にマーケティング部門と連携し、ターゲティングした1社1社に合わせたマーケティングコンテンツの作成、もしくはイベントやセミナーをＢＤＲ自らが企画し、長期的な関係構築と短期的な商談を獲得していきます。

そのためにＢＤＲが身につけるべきは、お客様のニーズに対する圧倒的な理解力です（それがあればコンテンツの中身はできます。あとはデザイナーに協力してもらいましょう）。今までのＢＤＲは財務諸表や公開情報から課題や理想とのギャップを見つけてアプローチしていたと思います。

しかしこれからは「実際にお客様のお店に足を運んでみる」「お客様のサービスを使ってみる」「お客様に聞いてみる」といったお客様のビジネスを知る体験に加え、お客様がどのように情報収集し、購買に至るのか、そのプロセスを通じてしっかり理解することが求められます。そこで得た情報をもとに今お客様が求めている情報、提供すべきインサイトを見つけていきます。それをコンテンツ化して様々なチャネルで発信していきます。

一見すればこれまでと変わらないようなマーケティングプロセスですが、粒度が違います。これまではできても業界単位でしたが、リソースが潤沢であれば1社1社に最適なBDRのリソースを投下することができれば本質的なABMを実現することが可能になります。それこそがニューノーマルな時代に機能するBDRになるのだと思います。

## Online Salesは単なるオンライン商談への切り替えからの脱却へ

2020年に爆発的に増えたオンライン商談ですが、このトレンドが下降することはしばらくありません。それはこれまでオンライン化を阻害していた「商習慣」と

「成約率への不安」が解消されてしまったからです。

新型コロナウイルスへの対策から大手企業ほどオンラインを推奨していますが、各社ともに成約率が下がったという話は聞こえてきません。また、第6章末のインタビューでご紹介したように大型商談でも問題なく機能する企業も出てきています。

ただ、それで満足せずにさらに昇華させていく必要性があると考えています。**今のオンライン商談は訪問をオンラインに切り替えただけのものです。**

そうではなくオンライン独自のメリットを活かした新しい商談スタイルが登場するはずです。例えば、イベント運営企業・オフィスデザイン・施工などの企業でのVRを活用した商談が挙げられます。それ以外の企業でも、例えば社員が笑顔でコミュニケーションしている様子などをVRで表現することができれば訪問して紙を見せる営業よりも格段に導入イメージを持っていただくことが可能だと思います。

実現している部分で言えばmmhmmのような仮想カメラアプリやZoomの拡張機能を使った視覚的に捉えやすい表現や自動の文字起こしなど、これまでの商談の延長線上にはないオンライン商談体験を提供することができます。

もう1つ大きく変わるもの、それは居住地です。これまでは訪問が必須であったことから勤務地と居住地は物理的に近い必要があり、それによって雇用できない方が多くいたのではないでしょうか。

第2章のインタビューで紹介したベルフェイス社の岡崎氏のようなフルリモートのOnline Salesが急増するはずです。企業としてはそういった方々の研修やメンタル面、フィジカル面での支援充実と制度設計が期待されます。これも商談と同様に今までの延長線上では難しく、リモートワーク時代の制度設計を策定する必要があると考えます。

ここまで各役割に分けて私の考える少し先の未来についてご紹介させていただきました。このような状況になるのが1年後なのか2年後なのかわかりませんが、世界は確実に変化しています。

毎日のように変化する市場を捉え、オペレーションやKPIなどを変化させながら事業成長を実現していくことがインサイドセールスに期待されていることなのです。このような変化の激しい時代にこそ力を発揮する組織、仕組みがインサイドセールスだと思っています。変化の大きさはストレスの大きさと比例することも多いですが、ぜひこの変化を楽しんで、そして挑戦を続けていっていただきたいと思っています。

# 巻末付録 ツール一覧

| 種別 | サービス名 | 会社名・URL | 概要 |
|---|---|---|---|
| CTI | MiiTel（ミーテル） | 株式会社RevComm https://miitel.revcomm.co.jp/ | 会話を自動解析することで通話内容を見える化し、トークの質が自然と向上。「売上アップ」「セルフコーチング」を実現するIP電話。 |
| CTI | Call Connect（コールコネクト） | 合同会社selfree https://www.callconnect.jp/ | 5分で始められるサポート業務やインサイドセールスに最適なブラウザ電話システム。 |
| CTI | Dialpad（ダイヤルパッド） | Dialpad inc. https://www.softbank.jp/biz/cloud/saas/dialpad/ | 様々なコミュニケーション手段を統合する"モダンビジネスコミュニケーションツール"。 |
| CTI | Amazon connect（アマゾンコネクト） | アマゾンウェブサービスジャパン株式会社 https://aws.amazon.com/jp/ | 企業が優れた顧客サービスを低コストで提供するのに役立つオムニチャネルのクラウドコンタクトセンター。 |
| CTI | BIZTEL（ビズテル） | 株式会社リンク https://biztel.jp/ | オフィスの電話環境はもちろん、コールセンターシステム（CTI）・テレワーク環境・スマートフォンの内線化を実現するツール。 |
| SFA／CRM | Sales Cloud（セールスクラウド） | 株式会社セールスフォース・ドットコム https://www.salesforce.com/jp/ | 世界シェアNo1。豊富な機能とカスタマイズ性に優れた営業支援システム。 |
| SFA／CRM | Sales Hub（セールスハブ） | HubSpot Japan株式会社 https://www.hubspot.jp/ | マーケティングオートメーションに強いHubSpot社が提供する営業支援システム。 |
| SFA／CRM | Dynamics 365（ダイナミクスサンロクゴ） | 日本マイクロソフト株式会社 https://dynamics.microsoft.com/ja-jp/ | マイクロソフト社が提供しテスラ社などグローバル企業でも採用されている営業支援システム。 |
| SFA／CRM | Senses（センシーズ） | 株式会社マツリカ https://product-senses.mazrica.com/ | 入力自動化とAIの力で営業組織を成果に導く新しい営業支援ツール。 |
| SFA／CRM | eセールスマネージャー（イーセールスマネージャー） | ソフトブレーン株式会社 https://www.e-sales.jp/ | 簡単入力・簡単反映によりリモートワークでも営業工数を最小限にできる営業支援システム。 |
| SFA／CRM | サスケ | 株式会社インターパーク http://www.saaske.com/ | 多彩なアウトプット機能を搭載した「潜在顧客/見込み顧客＝リードデータ」専用の顧客管理システム。 |
| SFA／CRM | ちきゅう | 株式会社ジーニー https://chikyu.net/ | 月額1,480円から始められる安価な営業支援システム。 |
| マーケティングオートメーション | Pardot（パードット） | 株式会社セールスフォース・ドットコム https://www.salesforce.com/jp/ | Salesforceとネイティブに連携できる唯一のMA。SalesCloudユーザーにおすすめ。 |
| マーケティングオートメーション | Marketing Hub（マーケティングハブ） | HubSpot Japan株式会社 https://www.hubspot.jp/ | 安価にCRM/SFA、MAの環境を構築したい企業におすすめのツール。 |
| マーケティングオートメーション | Marketo（マルケト） | アドビ株式会社 https://jp.marketo.com/ | 豊富な機能でB2BだけではなくB2Cにも活用できる代表的なツール。 |

| 種別 | サービス名 | 会社名・URL | 概要 |
|---|---|---|---|
| マーケティングオートメーション | Marketing Platform（マーケティングプラットフォーム） | 株式会社シャノン https://www.shanon.co.jp/products/ | マーケティングの各種機能はもちろん、大型展示会にも対応できるツール。 |
| | b→dash（ビーダッシュ） | 株式会社フロムスクラッチ https://bdash-marketing.com/ | データ分析、解析に強みを持つツール。データを重要視する企業におすすめ。 |
| | Bow Now（バウナウ） | Mtame株式会社 https://bow-now.jp/ | 0円から始められるツール。有償化後も安価なのでリード数が少ない企業におすすめ。 |
| | SATORI（サトリ） | SATORI株式会社 https://satori.marketing/ | 集客に強いツール。匿名ユーザーへのアプローチが可能でこれからリード獲得に注力する企業におすすめ。 |
| メール配信 | 配配メール（はいはいメール） | 株式会社ラクス https://www.hai2mail.jp/ | シンプルなメール配信機能に特化しており、効果測定や分析も容易。 |
| | SendGrid（センドグリッド） | sendgrid.com sendgrid.com https://sendgrid.kke.co.jp/ | API連携に強く、月間700億通を配信する。世界で利用されている。 |
| | Synergy! LEAD（シナジーリード） | シナジーマーケティング株式会社 https://www.synergy-marketing.co.jp/cloud/synergylead/ | Salesforce連携に強みがあり、簡単にステップメールの送信やフォーム連携が可能。 |
| | MailPublisher（メールパブリッシャー） | エンバーポイント株式会社 https://emberpoint.com/mailpublisher/ | 4,100万通/時という圧倒的な配信性能と月間60億通を超えるメール配信実績を誇るメール配信システム。 |
| オンラインセールス | ベルフェイス | ベルフェイス株式会社 https://bell-face.com/ | 接続が簡単で商談の様子も自動録画、共有。同時編集メモやSFAとの自動連携も可能なオンライン商談特化ツール。 |
| | V-CUBE セールス＋（ブイキューブセールスプラス） | 株式会社ブイキューブ https://jp.vcube.com/service/sales-plus | 各種ブラウザで利用可能なオンライン専用会議室システム。 |
| | Zoom（ズーム） | ZVC JAPAN株式会社 https://zoom.us/jp-jp/meetings.html | 非常に安価で40分までのミーティングなら無料で利用可能。安定性に定評がある。 |
| | Temes（チームス） | マーケットワン・ジャパン有限責任事業組合 https://www.synergy-marketing.co.jp/cloud/synergylead/ | 会話を自動解析することで通話内容を見える化し、トークの質が自然と向上。「売上アップ」「セルフコーチング」を実現するIP電話。 |
| | Whereby（ウェアバイ） | Telenor.com https://whereby.com/ | 1ユーザー、1roomまでは無料で利用が可能。 |
| 企業情報 | FORCAS（フォーカス） | 株式会社FORCAS https://www.forcas.com/ | 企業データの提供だけではなく受注企業から傾向を割り出してターゲットリストを作成することが可能。 |
| CTI | MiiTel（ミーテル） | 株式会社RevComm https://miitel.revcomm.co.jp/ | 会話を自動解析することで通話内容を見える化し、トークの質が自然と向上。「売上アップ」「セルフコーチング」を実現するIP電話。 |

| 種別 | サービス名 | 会社名・URL | 概要 |
|---|---|---|---|
| 企業情報 | Linkage Business Code（リンケイジビジネスコード） | 株式会社ランドスケイプ<br>https://www.landscape.co.jp/service/lbc/ | 820万拠点、国内拠点網羅率99.7%の日本最大級の企業データを保有、提供している。 |
| | Musubu（ムスブ） | Baseconnect株式会社<br>https://company.baseconnect.in/ | 使いやすく安価に企業データを揃えることが可能。一部無償提供あり。 |
| | START UP DB（スタートアップディービー） | フォースタートアップス株式会社<br>https://startup-db.com/ | 国内スタートアップ企業に特価した企業データ、及び関連情報を提供している。 |
| | COSMOS2（コスモスツー） | 株式会社帝国データバンク<br>https://www.tdb.co.jp/lineup/cosmos2/index.html | 情報量に加えて高い精度を誇る企業データを保有。独自情報を加えてカスタマイズも可能。 |
| アウトソーシング | BALES（ベイルズ） | スマートキャンプ株式会社<br>https://bales.smartcamp.co.jp/ | インサイドセールスの構築からアウトソーシングまで提供しており、特にSaaS企業に強みを持っている。 |
| | インサイドセールス支援 | 株式会社セレブリックス<br>https://www.eigyoh.com/spo/inside/ | 膨大な営業データ、実績から最適なアプローチ手法を立案、実行まで可能。 |
| | SALES BASE（セールスベース） | SALES ROBOTICS株式会社<br>https://salesbase.salesrobotics.co.jp/ | 自社保有のデータベースを活用することでリード獲得から商談供給まで提供している。 |
| | インサイドセールスアウトソーシング | ブリッジインターナショナル株式会社<br>https://bridge-g.com/service/ | CRM/SFA、MAの構築からインサイドセールスのアウトソース、コンサルティングまで幅広く提供している。 |
| | デマンドセンターBPO | マーケットワン・ジャパン有限責任事業組合<br>https://japan.marketone.com/ | インサイドセールスのアウトソーシングだけではなくマーケティング全体の支援を行っている。 |
| | インサイドセールスアウトソーシング | 株式会社ネクスウェイ<br>https://www.nexway.co.jp/service/insidesales/propose/ | B2B企業に7,000社の導入実績があり、インバウンド、アウトバウンドに対応可能。 |
| | SalesRenovation（セールスリノベーション） | 株式会社エムエム総研<br>https://salesrenovation.jp/ | インサイドセールスの社内構築、組織立ち上げを支援するサービス。 |
| マーケティング支援 | 戦略代行・実務代行・内製化支援 | 株式会社才流<br>https://sairu.co.jp/ | 独自のメソッドと豊富な外部パートナー連携によって幅広い課題解決を可能としている。 |
| | 戦略・企画設計・制作開発・運用・プロジェクト管理 | 株式会社ベイジ<br>https://baigie.me/ | B2B企業のWeb制作に特化した企業。独自の勝ちパターンによる企画、制作が可能。 |
| | マーケティング支援、ツール提供 | 株式会社ベーシック<br>https://basicinc.jp/ | ferret OneやformrunといったSaaSサービスを提供しながらマーケティングの伴走支援を提供。 |
| | マーケティング支援、ツール提供 | toBeマーケティング株式会社<br>https://tobem.jp/ | マーケティングオートメーションの導入実績が豊富で伴走支援も提供。 |

# おわりに

本書ではこれからインサイドセールスを立ち上げる、もしくは現在立ち上げている、そしてさらに組織を成長させていきたいという方々に向けて、私のこれまでの経験をもとに解説しました。

なぜこの本を書こうと思ったのか。それはインサイドセールスの市場がまだ小さく、組織やノウハウについてまとまった情報がないために多くの方々が同じ壁にぶつかっていると感じたからです。インサイドセールスカンファレンスでは、様々な業種業態、そして開催地の東京以外からも多くの方が参加してくださり、セミナーも展示スペースも人で溢れていました。この盛り上がりを見て私の思いは確信に変わったのです。そのような思いがあり、ようやく情報を集約したものを世の中に出すことができました。

新型コロナウイルスの影響で内容も大幅に変えざるを得ない状況になりましたが、それも自身の新しい経験と思考の整理となりました。しかしまだまだ私自身がこうだと言えるレベルまで引き上げられていません。もし本書をきっかけに私のことを知ってくださる方がいればぜひTwitterやFacebookのインサイドセールスコミュニティで情報交換させてください。一緒にインサイドセールスを盛り上げていきましょう。

## 本書の執筆にご協力いただいた皆様へ

最後に出版にあたりお世話になった方々への感謝を伝えさせていただきます。

まずは書籍化のスタートから長期間にわたり伴走してくださった担当の大久保遥さんに感謝をお伝えしたいと思います。不慣れな私とのコミュニケーションは大変だったと思いますが、いつも的確に、時にはモチベーションを上げるようなエピソードを盛り込んでくださり本当に感謝しています。大久保さんに担当いただけて良かったと、心から思っています。

また、インタビューにご協力いただきました皆様、ご多忙にもかかわらずご快諾いただきましてありがとうございました。インタビューを通して様々なことを学ばせていただきました。まだまだ新しい発見があると気付けたことは一生の財産です。

そしてビズリーチ社長、多田洋祐が書籍出版の背中を押してくれた一番の理解者でした。セールスフォース・ドットコム社からビズリーチ社に転職をする際に「インサイドセールスで本を出したい」と話していたことを覚えていてくれて、出版の相談をした際も親身に相談に乗ってくれました。多田洋祐なくしてこの出版が叶うことはなかったと思います。本当にありがとうございました。また、私がこうして執筆することができたのもHRMOS事業部、そしてインサイドセールス部の仲間の協力があったからに他なりません。最高の仲間に恵まれて幸せです。

最後にインサイドセールスに関わるすべての方々にありがとうと伝えさせてください。日々の皆さんの活躍によってインサイドセールスが形作られています。数年前まで日本ではほんの一握りの人しか知らなかったインサイドセールスがここまで大きなうねりになったのは紛れもなく皆さんの努力と挑戦の成果だと思っています。また、日々のイベントやセミナーだけでなくSNSでもいつも応援してくださり、本当にありがとうございます。

ここにたどり着くまでに多くの出会いと失敗とほんの少しの成功を経験してきました。その時間のすべてがあってこの本が完成しています。これまでお世話になったすべての皆様に感謝申し上げます。

令和2年11月　茂野明彦

**茂野 明彦**（しげの・あきひこ）

株式会社 ビズリーチ
HRMOS事業部 インサイドセールス部 部長 兼
BizReach 創業者ファンド パートナー

2012年、株式会社セールスフォース・ドットコムに入社。グローバルで初のインサイドセールス（IS）企画トレーニング部門を立ち上げると同時に、アジア太平洋地域のトレーニング体制構築支援を実施。2016年、株式会社ビズリーチ入社。インサイドセールス部門の立ち上げ、ビジネスマーケティング部部長を経て、現在はHRMOS事業部インサイドセールス部部長を務める。インサイドセールスに関する連載記事の執筆を行うほか、インサイドセールスカンファレンスを企画するなどインサイドセールスの認知向上、発展に貢献している。2020年、スタートアップ企業への投資と支援をミッションとする「BizReach 創業者ファンド」パートナーに就任。

装丁・本文デザイン　小口 翔平＋喜來 詩織（tobufune）
DTP　佐々木 大介

インサイドセールス
訪問に頼らず、売上を伸ばす営業組織の強化ガイド

2020年 12月 9日　初版第 1 刷発行
2022年 6月10日　初版第 5 刷発行

著者　茂野《しげの》 明彦《あきひこ》
発行人　佐々木 幹夫
発行所　株式会社 翔泳社（https://www.shoeisha.co.jp）
印刷・製本　株式会社 ワコープラネット



ISBN 978-4-7981-6754-1　Printed in Japan